新任校長に贈る

おさえておきたい校長の実務

大内康平

学事出版

はじめに

この度は、校長昇進おめでとうございます。学校現場の最高責任者として、学校経営に当たっていくことに期待と不安で一杯ではないかと推察いたします。やはり教員になったからには、校長職を経験してみたいと思うのは当然のことですし、誰しもがなれるというものでもありません。選ばれての校長昇任ですので自信を持って臨んでください。

まず、最初にやるべきことは、自分の体のチェックです。教頭職や行政職で心身ともにピークの状態で4月1日を迎えるわけですから、健康状態はどうなのか、十分な確認が必要です。校長登用試験候補者は12月頃に健康診断を受けていると思いますので、その結果を踏まえて、必要があれば再検査や診察を受けておくべきです。近年、校長に昇任して間もなく体調を崩されたり、校長職半ばで病に倒れられたりする方が少なくありません。前年度中にしっかりケアをしておくべきです。

校長職は楽しくやりがいがある――このくらいの気持ちで臨むことと、ある程度の開き直りも必要かと思います。何か起きたら大変だと心配ばかりしているより、先手先手で何かを仕掛けていく方が、一緒に取り組む職員も楽しくやる気も出るというものです。楽しい学校づくりを目指すなら、攻めの姿勢を大切にしてください。

学校経営は最初から誰しもうまくいくというものではありません。年を重ねるごとに経験が積み上げられ、力量も上がり、定年退職を迎える頃には押しも押されもせぬ存在になります。その人の力量は、それまでの苦労の度合いに比例すると私は思っています。苦労してきた分、少しは楽させてもらえるかというと、それどころか、力のある校長は大規模校や生徒指導困難校などの中心校に配属されることが多いのです。しかし、心配は無用です。校長になった勢いというものがありますので、多少の苦難は乗り越えられるものです。やってやろうじゃないかくらいの気持ちで臨みたいものです。

さて、この本は、校長に昇進されたばかりの方々に少しでもお役に立てればと、私の校長経験をまとめたものです。ですので、あくまでも校長としての考え方が中心です。内容的には小学校の色合いが濃いものになっています。したがって、すべての校長にとって十分な説明になっていない面もありますが、ご自分のこれからの学校経営に応用できるところは参考にしていただき、スキルに磨きをかけていただければ幸いです。なお、学校経営の法的な根拠については法令や規則等をご確認の上読み進めてください。また、事故事例等については守秘義務があり、具体的な内容にまでは踏み込んでいないことをお断りしておきます。

はじめに　2

第1章　信念をもって……11

1　校長デビュー　13
辞令をもらう　13
初顔合わせ　14
学区内ひとまわり　16

2　校長の職務とは　17
職務内容（権限）とは　17
絶好調（校長）で職務遂行を　19

3　経営方針を示す　20
方針をつくる　20
これまでの成果を生かす　22
組織をつくる　23
方針を具現化　24
独自色を出す　25

4　職員一丸となって（職員あっての学校経営）　30
勤務意欲の向上　30
話しやすい職場づくり　31

いつでも「ほうれんそうかく」 32
指導助言を大切に 33
校長自身の心構え 34
5 子どもと向き合う 36
目指す子ども像 36
子どもに寄り添う 37
子どもへのお話 40
子どもにつけたい力 41
子どもの学力向上 43
よりよい環境づくり 45
特別支援教育の重視 46
支援を要する子どものために 48
第2章 学校経営への対応策……49
1 経営面での対応 50
学校行事への対応 50
情報発信でひと工夫 51
公文書の作成と管理 53
文書等の最終決裁 54
保護者の負担軽減 56
時間外勤務への対応 57

学校評価への対応　58
①自己評価　②学校評議員による評価　③保護者による評価
新任校長同士で勉強会　61

2　管理面での対応　62
通知通達について　62
公金・準公金の会計処理　63
現金等の管理　64
施設の施錠　65
学校施設の管理　67
校舎周りの安全管理　68
見落としがちな危険箇所　69
危機管理意識の向上　73
学習環境の整備　73
学校は避難所　75

3　職員への対応と育成　76
職員に寄り添う　76
職員の指導力アップ　77
職員への周知徹底　79
職員の文書力アップ　80
管理職候補者への支援　81

第3章　事故への対応策……83

1　学校事故への対応　84

ニュースから見えてくるもの　84

日ごろからの構え　86

第一報の大切さ　87

事故報告書の作成　89

事実確認は入念に　92

もめ事と保護者対応　93

見切り発車は危険　94

マスコミへの対応　95

2　子どもの事故への対応　100

事故の未然防止　100

交通事故への対応　101

いじめや問題行動等への対応　103

日ごろの職員への話　104

いじめが発覚したら　105

様々ないじめと対応　106

いじめ撲滅に向けて　107

不登校への対応 109
問題行動への対応 110
トラブルへの対応 111
ケガ対応にも万全を 112
食物アレルギーに要注意 113
養護教諭の役割の重要性 114
感染症への対応 115
事故関係でのメモの大切さ 116
情報提供への対応 117

3 職員の事故や不祥事等への対応 118
起こりうる事故と不祥事 118
交通事故への対応 119
不祥事はなぜ繰り返す 120
不祥事に対する防止策 121
不祥事関連の処分 122
受験シーズンは要注意 123

第4章 資質向上と日ごろの対応策……125

1 学校訪問指導等への対応 126
教育事務所長や教育長の来訪 126
指導主事の来訪 128

訪問指導への校内対応 129

2 職員への日ごろの対応 130

超過勤務への対処 130

職員を守るとは 132

業務の効率化 133

職員の評価 134

人事異動で知っておきたいこと 135

人事に関わる職員面談 137

指導力に課題のある教員の指導 138

学区内での事件事故発生 139

第5章 学校内外機関との連携……141

1 行政機関との連携 142

教育委員会との連携 142

児童相談所や警察等との連携 143

2 ＰＴＡとの連携　144
連携のポイント　144
ＰＴＡ役員会等への対応　145
ＰＴＡ活動への日ごろの関わり　146
校長室は常にオープン　147
保護者の授業参観　148
3 地域との連携　149
地域コミュニティとの連携　149
民生・児童委員との連携　150
4 校長会と市教育委員会で学んだこと　151
校長会は風通しよく　151
校長会役職への対応　152
レポート等の作成と発表　153
市教育委員会での貴重な経験　155
退職の年は健康面にも配慮を　156
おわりに　158

第1章

信念をもって

校長は、組織の長という最高責任者になったわけで、最高権力者ではありません。あまり権力を振りかざすとよいことはありません。今度の校長は実力（実行力・判断力・統括力など）があり、人間的にも誠実であると分かると職員はついてくるものです。そこで新任校をどうするかですが、もうお考えになりましたか？　まずはよりよい学習環境の中で、子どもの力を最大限に伸ばすことを第一に考えなければなりません。「力」と言っても「生きる力」で片付けるわけにもいきませんし、「学力」とか「人間力」とか言ってもつかみどころがなく、結局のところ何をやったのか分からずに終わってしまいます。早急に学校の現状と子どもたちの実態を把握・分析し、長期・短期の具体的な目標を設定し、実現に向けて計画を立て、組織をまとめ上げることが求められます。そして、校長は自分の構想を立てたなら、迷わず邁進することが大切です。半年や1年が経つのはあっという間です。目標達成に向けて具体策を持つことと、いかに職員に理解してもらい実行に移せるかが勝負です。藪から棒に職員にやらせても空回りするのは目に見えています。先生方の忙しさは計り知れないものがあります。業務の軽量化や効率化を図っても、なかなか完全な解決策は見つからないものです。そこのところをよく理解したうえで、課題を一つ一つ解決しながら一緒に取り組む姿勢が大切です。校長としての考えをしっかり持ち、分かりやすく職員に伝え、実行に移してもらうことです。そして何よりも大切なことは、職員を信頼することですね。

1　校長デビュー

辞令をもらう

4月1日には辞令が伝達され、いよいよ校長としてスタートしたと思いきや、実際は4月1日の午前零時を過ぎた時点で後任者（新任者）に責任が引き継がれています。実際に辞令を見ると、日付が4月1日になっていることに気づきます。つまり、辞令伝達式が4月2日に行われようと3日に行われようと、その責任は4月1日の日付が変わった時点から発生しているというわけです。逆に校長として他校へ異動となったり、退職となった場合には3月31日の午前零時までということになります。過去に4月1日が休日だったために学校事故に後任者が対応したという事例があり、今でも覚えています。ですから校長職という責務の重さと重圧は計り知れないものがあります。そして、その重圧から解放された時はたとえようがないほど清々しいです。

さて、辞令伝達式は過去に何度か経験していると思いますが、校長職の伝達式となると特別なものを感じます。式当日は緊張が高まる瞬間です。もう今日から自分で学校の舵取りをしなくてはならなくなったことは、ある種の重責を担ったという自覚からなのか、初日は疲れますね。何でも「自分で」と考えがちですが、自分一人でと考えずにいたほうがよいでしょう。つまり、学校も職場も全職員で作り上げるという考え方に立ち、頼れる補佐役として教頭や教務主任もいるのですから、周りの意見を聞きながら進めていくことも大切な力量といえます。校長は何かあった時、ここぞという時に力を発揮すればいいのです。

初顔合わせ

着任前は、新しい職場にはどんな職員が待っているのだろうかとか、校長として子どもたちとどう向き合っていったらいいのだろうかと心配しがちです。不安もありますが、心がワクワクする時でもあります。教頭の立場とは異なり、自分の考えで自由にできる反面、判断を仰げる人もいません。すべての決断や判断は自分自身が行うことになります。しかしここでは発想を変えて、大変だと考えずに「思い切ってやろう」くらい前向きに考えてスタートした方がよいと思います。そうすれば体も気持ちも自然と前を向くというものです。そして、しっかりした考えと実行力があれば乗り切れますし、そもそも自分一人で経営に当たっていくということではありません。組織を生かし、進めていけばいいのです。

さて、辞令伝達式の後といえば、着任校での職員との初顔合わせということになりますね。挨拶も当然あるでしょう。職員に与える第一印象はとても大事です。第一声で決まるとは言わないまでも、表情、声の大きさ、姿勢、話の内容とどれをとっても気が抜けません。特に挨拶は、聞いている職員にこの校長とならー緒にやれるとか、いかにも普段の挨拶のように見せながらも、多少なりとも練った内容にしたいものです。

そして着任後に職員会議があれば、教育方針を職員に伝えたいところですが、あまり小難しい話は避け分かりやすい内容を心がけることです。まだ職員と顔合わせをしたばかりですから、校長の経営に対する思いを伝えられるとよいでしょう。私の場合は、職員向けの「指導の基本」を出し、4月最初の職員会議では、この1年の教育方針や教育計画を出しました。中でも方針の柱としては「夢を育む感動体験」を前面に出して説明し、理解を求めました。「感動体験」という言葉は大好きな言葉です。私自身も「感動体験」を念頭に置いて職務に当たりました。もちろん校長としてもいろいろな仕掛けを行っていく必要はありますそして、校長自身も実現に向けて努力する姿勢を職員に見せることが大切です。

学区内ひとまわり

赴任して忙しいさなかにやらなければならない仕事が挨拶まわりです。儀礼的と言えば儀礼的ですが、これも新任校長の第一印象として受け止められるので重要です。しっかり顔を覚えてもらうなら、控え目よりは元気があった方がよいでしょう。今は自分を売りこむ時代です。最初に「今度の校長は元気があっていい」という印象を持ってもらえれば最高です。最初からパワー全開でいきましょう。また、挨拶まわりと言えば、地域の有力者や学校と長年関わりのある方などへの挨拶も大切ですが、登校の様子を見に行った時などは、別な形での挨拶まわりがあります。立哨の方々、防犯（見守り）パトロールの方々、付き添いの保護者の方々への挨拶も元気よく行ってほしいですね。さらに、ご近所の方々にも挨拶をお忘れなく。「今挨拶してくださった方、今度来た校長さんだって、○○ね」。○○はご想像にお任せします。

併せて校長は、職員にも挨拶の大切さを伝えておいた方がよいでしょう。交差点などで子どもを見送る際には、道路を渡り終えてから子どもと別れることや、お迎えの方々への挨拶も忘れないように指導することが大切です。せっかくお迎えや見送りに行ったのに、挨拶しなかったために評判を落とすのは残念です。ぜひ、朝の立哨指導や見送り等の際の挨拶の大切さを職員に伝えておくとよいです（きっとしっかりやってくれます）。

なお、赴任してすぐの学区内の挨拶まわりは、案内してくれる職員から学区内の状況もあわせて聞けるといいですね。学区内の様子を知ることは、早ければ早い方がいいです。

2 校長の職務とは

職務内容（権限）とは

いきなり硬い話になりますが、ご勘弁ください。校長の主な職務内容は以下の通りです。

（1）校務をつかさどり所属職員を監督する（学校教育法28条）

（2）教育課程の編成、年間指導計画の策定等、教育委員会への届出（学習指導要領総則等）

（3）学習帳など補助教材の選定、教育委員会への届出、または教育委員会の承認（地教行

法33条、学校管理規則等）
（4）学齢児童生徒の出席状況の確認（学校教育法施行令19条等）
（5）教育課程修了・卒業の認定・卒業証書授与（学校教育法施行規則27条、28条、55条等）
（6）指導要録の作成、進・転学先への送付（学校教育法施行規則12条の3）
（7）児童・生徒に対する懲戒（学校教育法11条、同施行規則13条）
（8）児童生徒の定期健康診断の実施（学校保健法6条、8条）
（9）非常変災時の臨時休業（学校教育法施行規則48条）
（10）教職員の採用、異動、懲戒に関する教育委員会への意見の申出（地教行法39条）
（11）県費負担教職員の異動、懲戒について都道府県教育委員会への内申（地教行法38条）
（12）校内人事、校務分掌の決定（学校管理規則等）、教職員の服務監督、勤務時間の割り振り、年休の承認等（教特法20条）
（13）勤務評定の実施（学校管理規則等）
（14）学校評議員の推薦（学校法施行規則23条の3）
（15）物品購入の決定（限度額、品目指定あり）（財務会計規則）
（16）学校の施設・設備の管理（学校管理規則等）

（17）学校施設の目的外使用の許可（学校管理規則等）

この他に、教育長の権限に属する事務で校長に委任された事務、教育委員会の権限に属する事務で職務命令により校長の校務とされた事務、法的には明示されてはいないが校長の校務の一環と考えられる事務と続きます。ご確認ください。

絶好調（校長）で職務遂行を

まず、学校の顔として校長は、常に明るく元気でなければなりません。そのためには、やはり健康であることが第一です。健康面で心配なところがあれば、早くしっかり治して初日を迎えてください。とにかく赴任した時は第一印象が大切ですから、子どもの前、職員の前、保護者の前で、元気で生き生きとした姿を見せたいところです。新任校長が元気でなくては、職員の士気も上がらないというものです。また、心がけたいことの一つに言動があります。やはり立場や場をわきまえた話し方というものがあります。かつて一緒に仕事をしたことがある同僚という仲であっても、この点は注意したいところです。さらに服装にも気を配った方がよいでしょう。体からみなぎる元気を後押ししてくれると思います。

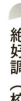

形を重視した話になってしまいましたが、内に秘めたものとして私が大切にしている言葉があります。若い頃に指導を受けた学年主任から教わったことですが、「『愛情』『情熱』を持ってあきらめずに接すれば、必ずや想いとするところに子どもを導くことができる」という言葉です。校長として職員や子どもと触れ合う中でも相通じるところがあると思います。

3 経営方針を示す

方針をつくる

私は経営方針の作成にあたって一貫して取り組んできたことがあります。それは、「夢を育む感動体験」を経営の柱に据えることです。シンプルで奥が深いというか、いざ具現化を図ろうとすると何にでも当てはまる重宝な言葉です。ぜひとも使ってみてください。実際、学校の教育活動に照らし合わせてみると、すべてに当てはまると思います。それくらい学校生活は変化に富んでおり、すべての活動が感動体験にあふれているように感じます。

経営方針の作成に当たっては、あれもこれも重要だと盛り込んでしまうと、結局、１年が終わってみるとピンボケして何をやっていたのかが分からなくなります。経営方針の具体策にたくさん盛り込みたい気持ちは分かりますが、冷静になって見てみると当たり前のことばかりが書かれていることに気づくはずです。そうなんです、わざわざ書かなくてもいいこと（やって当たり前のこと）がたくさん書かれていることが多いのです。消去法で取捨選択して残るものがあなたの重点施策ということになります。いや、これじゃないという方は、根本から経営方針や具体策（やろうとすること）を見直した方がよいと思いますよ。

特に新任校長の場合は、市教育委員会や教育事務所の学校訪問の折に、「経営の重点を一つ挙げるとしたら何ですか？」と質問されるかもしれません。つまり、「この新任校長は何を中心に据えて経営を進めていきたいのか」を聞かれるわけで、このことからも最重点施策（経営の目玉となるもの＝柱となるもの）を一つ決めておくことは大切です。私の場合は訪問指導の内容にもよりますが、基本的には、前述の「夢を育む感動体験」一つだけでした。そのあと教頭、教務主任、生徒指導主事と説明が続きますが、先ほど校長の話にもありましたが……と関連づけて具体的に話してくれたので、ある意味で助けられたように思います。学校訪問指導時に随行の市教委学校訪問担当者が聞いたら、この新任校長は、取り組み一つだけかと笑われるかもしれません。笑われてもいいんです。あとは、結果がすべてですから。

これまでの成果を生かす

3月下旬に前任者との引き継ぎが行われます。残っている教頭や教務主任立ち合いの下で、当事者同士で事務引き継ぎが行われるわけですが、ファイルとメモリーカード等に加えて、1年の流れや学校経営上のポイントが示された別資料などが提示されると助かります。前年度のことを知らずして学校経営に臨むのも、前例にとらわれずによいかもしれませんが、新年度へのスムーズな移行とさらなる推進等を考えるとあった方がよい資料です。

ここで強調したいことは、今までの学校経営の流れをよく理解し、本校の良さ、進展状況、今抱えている問題や課題、地域との連携などを把握した上で、自分のカラーを出していくことに力を入れていくことです。

校長たるもの、いちいち職員に聞き聞きやっていると、今度の校長は大丈夫か、来たばかりだから仕方がないか、初めて校長になったのだからと付き合ってくれるかもしれませんが、頼られる存在にはなれそうにありません。また、棚上げになっていた子どもの問題等で4月早々に保護者が直接やってくるかもしれません。聞いていませんなどと担当職員に確認をとったり、まして責任転嫁をしてしまうと、信頼関係を築くのは難しいと言わざるを得ません。4月からスムーズなスタートを切るという点では、引き継ぎはとても重要な事務手続きと言えます。

組織をつくる

学校経営のビジョンの推進に欠かせないのが校内人事（職員配置）です。職員を選べるかと言えば、そうはいかないのが現状です。もうすでに3月下旬には、内示が出て人事面での新体制は整っています。前任者からの引き継ぎもあって状況はおおむね見当はつくでしょうが、学校運営、生徒指導、教科経営、さらには研究体制など取り組まなくてはならない学校経営上の課題はいくらでもあります。ですから現状のメンバーでできる限りのことをやっていくことになります。そもそもチームワークというものは、優秀な人材を集めたからうまくいくというものでもなく、限られたメンバーでも、一人一人の持てる力を最大限に発揮させることができれば最高ですし、ここに学校経営の面白さがあると思います。

一般に、職員はあまり急激な変化を望みません。そうでなくても事務的な仕事が多く、校内の係分担（校務分掌）一つとっても、多すぎて困るという訴えはよく聞きます。それだけに職員配置と役割分担は負担に片寄りがないように調整が必要です。

方針を具現化

経営者としての校長は、任された学校をどういう方向にもっていくかを考えなければなりません。すなわち、経営の柱として「子どもたちの力をいかに伸ばすか」を第一に考え、限られた職員を最大限に生かし、教育環境等も整えながら進めていかなければなりません。校長の場合、1校での任期は2年から3年ですので、この限られた時間の中でいかに結果を出すかが求められます。一つ一つに時間をかけながらのんびり経営に当たっている余裕はないのです。この「子どもたちの力をいかに伸ばすか」は、簡単なようで難題です。校長は目標を掲げて突き進むだけですが、実際にその目標を具現化し、指導に当たるのは職員です。本当に一人一人の職員が校長の考えを理解し、やる気になった時にこそ結果が出るというものです。

私の経営方針の柱は「夢を育む感動体験」ですから、とにかく子どもたちに感動体験の機会をできる限り多く持つように努力してほしいと、事あるたびに職員に話していました。実際には、授業の中の導入部分や展開等でのひと工夫や、外部講師の活用を図ろうという動きはすぐに出てきたように思います。さらに、学校行事や学年行事でも、県内外で専門性を発揮している著名な方はもとより、卒業生を講師として招聘できたことがよかったです。特に卒業生の場合は在校生に年齢も近く、親近感を持ちながら子どもたちも様々な感動体験を通して何かをつかむことができたようです。一つのことをしっかりやることで、波及効果により他の分野もよくなっていくものです。最後に言えることは、校長としてこれもあれもと欲を出さず、重点化を図り、徹底してやることが大切だと思います。終わってみれば必ずや結果がついてきます。

独自色を出す

先述の「夢を育む感動体験」は経営方針の中でお話ししましたが、校長として学校の実態に即した特色を出すとなると、さて何かなと考えてしまいます。私の場合、茨城県日立市立助川小学校では、学校の二つの特色を前面に出して子どもたちに意識づけを図りました。この狙いは、子どもたちが助川小学校を誇りに思えるような学校にしたかったからです。

一つ目の特色は、助川小学校は、水戸藩藩主の山野辺義観が統治していた助川海防城跡の一角に建てられており、お城の敷地に学校があること、二つ目の特色は、校庭に咲く樹齢百年を越える「四代桜」(明治、大正、昭和、平成)が学校のシンボルとなっていることです。これらに関わるイベントを多く催すことで、子どもたちに本校の歴史と伝統に対する関心や理解を深めさせ、豊かな人間性の育成を図りたいと考えたからです。桜が咲けば、全校集会や学年集会が持たれ、四代桜記念集会も企画されました。助川海防城跡関連の行事としては、城址公園の清掃活動や海防城保存会による学習会に子どもたちも積極的に参加していました。さらに、市内親善陸上大会の壮行会では、校長自らが鎧兜を身にまとい、山野辺義観に扮して登場し、6年生の選手たちを激励したこともありました。はじめは選手たちや在校生も誰が登場してきたのか驚いていたようでしたが、時間の経過とともに理解してくれました。準備では、教頭が着付けを担当してくれ、BGMには「負けないで」を流して工夫を持たせてくれるなど職員の協力もあって実現しました。自分にとっても思い出に残る学校行事となりました。

このように、学校の特色を前面に出していくことも大切なことではないでしょうか。新任校に赴任したなら、ぜひ「本校の誇れる特色は何だろう」とお調べください。伝統校には必ずといってよいほど特色があります。そして、特色が分かったなら、学校の教育活動にいかに効果的に組み入れるかを考えてください。もし、学校行事と関連が図られているなら、見直しを図ってください。このように取り組むことで、新任校長としての独自色が出てきます。

四代桜

親善陸上大会壮行会に登場した山野辺義観

平成２５年度　学校経営の方針（目標）

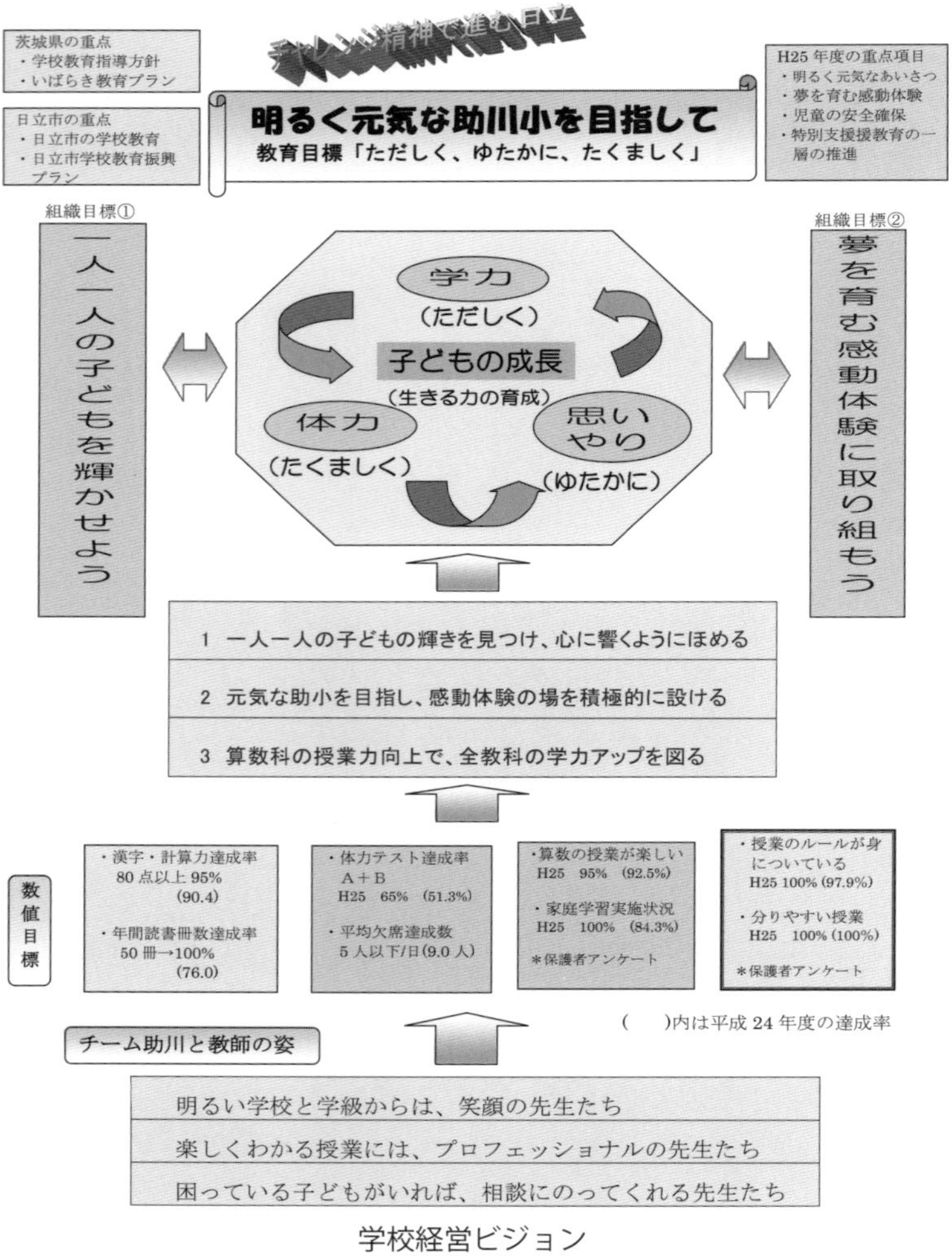

学校経営ビジョン

助小教育プラン（H24～H25）

私たちが大切にする5つの基本！
① 笑顔を大切に（笑顔で元気な挨拶を心がけましょう）
② 子供たちとのふれあいを大切に（子供たちの話を聞いたり遊びましょう）
③ 細やかな指導を大切に（分かりやすく楽しい授業を心掛けましょう。）
④ 保護者との連携を大切に（連絡帳、電話、家庭訪問等を通して連絡を密にしましょう）
⑤ 早期の対応を大切に（事故やトラブルに対しては報告と最大限の対応を心がけましょう）

これらをもとに次の**重点事項**に取り組みます。

1　笑顔で元気な挨拶の推進
（１）児童、教職員、ＰＴＡや地域の方によるあいさつ運動（さわやかマナーアップ）を推し進める。
＊規模と期間は異なるものの毎月定期的に実施する。

2　夢を育む感動体験の場づくり
（１）学校・学年及びＰＴＡ行事を中心に著名人による教育講演会を実施する。
（２）学年やＰＴＡ主催の体験教室に外部講師を積極的に招聘する。

3　子どもたちの安全の確保
（１）交通安全母の会や地域防犯パトロールとの連携を図り、安全教室や危険箇所チェックを行う。
（２）防災マニュアルや不審者対応マニュアルに則った避難訓練等を実施する。

4　学年・学級経営の充実
（１）道徳の時間の計画的な公開と体験的な活動を実施する。
（２）図書室を積極的に利用し、読み聞かせの推進とともに多読を押し進める。

5　教職員の資質の向上
（１）　学校課題研究を通して校内研修の充実を図り、算数科の指導力向上を目指す。
（２）　先進校視察や訪問指導により情報提供や研究実践に取り組む。

6　学校、家庭、地域との緊密な連携
（１）教育活動の理解啓発のための学校公開や「だより（HP)」の発行を積極的に行う。
（２）地域人材を活用し、学校と地域との連携による行事を実施する。（四代桜集会と運動会）
（３）学校評価を計画的に実施し幅広く意見や要望等を求め学校経営に生かす。

7　学力・体力の向上と心の教育の充実

＊２年間でこの数値目標を達成する。	Ｈ２４	Ｈ２５
１　学力診断テスト	（県平均３点）	（県平均６点）
２　漢字力・計算力テスト８０点以上	（９０％）	（９５％）
３　年間読書冊数５０冊以上	（１００％）	（１００％）
４　体力テストＡ＋Ｂ	（６０％）	（６５％）
５　日々平均欠席数	（６人以下）	（５人以下）
６　算数の授業が楽しい	（９０％）	（９５％）
７　家庭学習実施率	（各学年１００％）	（各学年１００％）
８　授業のルールの定着	（１００％）	（１００％）
９　わかりやすい授業	（１００％）	（１００％）

以上は、教育課程の取り組みで具現化します。

経営方針の具現化を図るための重点事項

4 職員一丸となって（職員あっての学校経営）

勤務意欲の向上

学校を前に進めるためには、勤務意欲の向上が最も大切だと考えます。もちろん人間関係づくりが基本になりますが、これは赴任してすぐに感じるものです。人の意欲というのは、挨拶や表情にすぐに出やすく、比較的人間関係のよい学校は、活気に満ち溢れています。逆なケースでは、職員の覇気や元気がないことに気づきます。一概には言えませんが、生徒指導上の対応に追われている学校は、比較的職員のまとまりはあるようです。これは、学校の立て直しに全職員が必死になって取り組んでいる姿の現れと思います。逆にうちの学校は何も問題がないからなどと、緊張感のない学校は要注意です。

職員の勤務意欲が高く、学校運営がスムーズにいっている学校では、必ず中心となってやっている職員がいます。教頭を中心に、教務主任、生徒指導主事、学年主任はもちろんですが、決められた仕事のほかに、隙間を埋める事をしてくれている職員がいます。ここをしっかり見て支えることが大切です。このような職員はあまり表立ってやるわけでもなく、評価されるためにやっているわけでもないので、教頭や教務主任や生徒指導主事に聞いて正確な情報を集めましょう。もし頑張っている職員を把握することができたなら、しっかり褒めることです。これにより、当人との人間関係はもちろんのこと、のちに校長の意図する学校の将来像に近づくための推進役となってくれるでしょう。

話しやすい職場づくり

「何でも話せる職場」と簡単に言いますが、実際にはなかなか難しいことです。管理職があまりに管理的になりすぎると、失敗を恐れるあまり、悪い報告が上層部に上がらなくなってしまいます。さらに、忙しさを理由に問題を報告せず、自分で判断し対応して取り返しがつかなくなったりしてしまうケースも見られます。管理職は職員を叱ることよりもなぜ報告してもらえなかったかをよく反省しないと、ミスが繰り返されることになります。どこに原因があったかを見極め、校長は再発防止の手立てをしっかり打つことが重要です。「うちの校長は怒った顔を見たことがない」くらいになりたいものですが、なかなか人間そうもいきません。何回言ってもダメな場合は叱ってもいいでしょう。しかし、大切なのはそのあとです。子どもの場合と同じで、怒られたことだけが記憶に残ってしまうと根本的な解決になりません。

どう対処するのがよかったのかを的確にアドバイスし、乗り切らせることが大事です。次からは必ずや報告や相談が校長のところまで上がってくると思いますよ。こうなると問題が起きても後手に回らなくなり、対応もよくなり、好循環につながります。とにかく何でも話ができる雰囲気づくりは、校長と教頭、生徒指導主事の三役の息がぴったり合っているかどうかにかかっています。例えば担任が子どものことで生徒指導主事に相談したら、その後、校長から「○○くんの対応大変だね」と声をかけられたなどの連携は大切です。その担任も「校長は何でも分かっているんだ」「自分の対応の大変さも分かってくれているんだ」とその後の仕事に張り切って臨んでくれるはずです。

いつでも「ほうれんそうかく」

どこの学校でも生徒指導上の問題はいろいろあります。もちろん、未然防止の対策を取っておくことは必要です。校内でいろいろな問題があっても何でも話せる雰囲気になっていればいいのですが、言いにくい雰囲気の場合は、対応が手遅れになるケースが多いです。もう少し早ければ対応もいろいろできたのにと悔やむこともあるわけですが、ここからが校長の腕の見せ所となります。頻繁に同様の問題があっては、たまりませんがね。

まず職員には「何でも上に上げてね」ということを徹底させましょう。「上に上げる」ということは、「最終責任が上司に移る」ということです。対応に自信がないからと何もせずに上に上げられてはたまりませんが、上に報告することでひとまず責任が自分から上司に移るということ、解決できないのに抱えていても責任はとれないことを分かってもらうことが大切です。どんな小さなことでも上司に報告し、指導助言をもらってから対応した方が失敗も少なく、うまくいったときは自信につながります。職員には、この「ほうれんそうかく」（報告、連絡、相談、確認）をしっかり理解してもらうことが大切です。

指導助言を大切に

では、どうやって職員を育てていくか。職員が日ごろ相談しやすいのは教頭でしょう。教務主任よりは教頭の方が指導的立場にあるのは明確です。だから、校長自身が気づいて、教頭が気づかない時には、校長から教頭に伝え、教頭から指導してもらうと、それぞれの人間関係もさらに強まり、校長と教頭の一体感は全職員のまとまりにつながります。また、生徒指導主事や学年主任などから校長に上がってくる報告文書や諸問題については、教頭がアドバイスしていることが多いので、教頭の立場（アドバイス等）を尊重しながら指導できるとベストです。こうなってくると教頭の信頼もさらに増し、校長が一つ一つ手出しをしなくても学校運営が円滑に進むようになります。

いつもではありませんが。新任校長だとあらゆることに何かと力を発揮したいところでしょうが、ぐっと我慢して、しかるべき立場にある職員と連携することが大切かと思います。ただし、県や市の通達や安全管理面の指導は、校長が先頭に立ってしっかりやらないと指導や周知徹底が図れません。また、緊急性の高いものは臨時の職員集会などをもって教頭の司会で校長が話せば指揮系統がはっきりします。それ以外にも口頭での指導や文書での指導も入ってきますので、内容によってすみ分けしながら、それぞれの立場にある人を生かすことです。さらに指導助言ということでは、校長は職員に対してやる気が出る指導助言と一歩先を考えた指導助言（アドバイス）を常に考えておくことです。

校長自身の心構え

常に冷静で的確な判断ができ、さらに見通しを持った学校経営ができれば最高ですが、少しずつ理想に近づけばよいと考えましょう。一人で責任を負ってひた走るというよりは、まわりの意見をよく聞き、その上に立ってどうするかを判断し、方向づけをしていけばいいのです。つまり、校長はリーダーシップを発揮しながらも、職員とともに学校をつくっていくという姿勢が大切です。そのような職場環境が整えば職員も連携が図れてくるので、子どもたちも安心して学校生活が送れるというものです。さらに職員も困ったことがあれば、何でも上司に相談でき、解決策も見出せ対応も早くなります。当然、保護者も職員の緊密な連携と学校の素早い対応を肌で感じつつ、お子さんを安心して預けてくれるようになります。さらに保護者からの要望も多くなるかもしれませんが……。

とにかく、校長は職場をこうしたい、ああしたいという理想を持ちつつ、日ごろからどんな小さな取り組みでもベストを尽くすことを心がけてください。元気な子どもたちを預かっていれば、いろいろなことが起きますが、最大限の未然防止策を講じながら、それでも問題が起きたら、覚悟を決めて冷静に対処すればよいのです。子どもたち一人一人を大切にするとともに全職員に感謝の気持ちを持ちながら学校経営に当たっていってほしいと思います。

5 子どもと向き合う

目指す子ども像

学校経営を任された校長がまず考えなければならないことは、もちろん子どものことです。赴任校の子どもの現状を把握し、やるべきことの優先順位を考えます。もちろん学力の向上は大切ですが、校長としての理想や構想もあるでしょうから、それらを勘案して、このような子どもに育てていきたいと計画を練ることです。そして、方向が決まったら、できるだけブレずに進めていくことが大切です。私の場合は、学校の教育目標を踏まえつつ、方針は「夢を育む感動体験」これ一本で通しましたし、先生方も日常の子どもの指導の中で常に意識して取り組んでくれたように思います。目には見えてこない、数値には表せない部分での取り組みですので、成果や評価となると難しい面がありました。学校というところは常に数値的な結果も求められますので、精神面や学力面、さらに体力面の数値化も意識しながら進めると、進捗状況の把握や取り組みに説得力が出て、改善にも役立ちます。

子どもに寄り添う

経営方針の中で重視したいのが子どもとの触れ合いです。子ども理解とか子どもとの信頼関係づくりとか言葉で言うのは簡単ですが、普段から子どもの様子に注意を払っていないと、子どもの本当の姿はつかめません。子どもとの触れ合いを通して、それまで気づかなかった一面を見ることもできます。特に子どもが遊んでいる時の触れ合いは、たくさんの発見があります。子どもは、休み時間に友達同士の遊びを通してありのままの自分を出すからです。ですから小学校では、少しでも時間があれば、校長も遊んでいる子どもの様子を見に行くことが大切です。教師にも、子どもの気持ちを理解したいのなら休み時間に一緒に遊ぶことも有効な手段であることをしっかり伝えましょう。教師との人間関係がうまくいっていれば、問題も起きませんし、問題が起きても解決が早いです。私も校長として二つの小学校では子どもとの触れ合いを自ら実践したつもりです。

最初に校長として赴任した小学校は児童が６００人を超えていました。運動が盛んな学校というだけあって、児童はとても活発でした。１学期始業式直後の休み時間に外に出たら「校長先生、一緒に遊ぼう」「校長先生、絶好調！」などと声をかけられることも多かったように記憶しています。友達がいなくて寄ってくる子や、鉄棒や縄跳びができるようになったので見てほしいなど、小学校では運動場に出ると子どもたちから声をかけられることが多いです。子どもの名前を覚えるという点では、子どもと遊ぶことは得策と言えるでしょう。また、早い時期に名前を覚えることで、のちに生徒指導対応で非常に助かったケースがありました。ぜひ、皆さんも休み時間は外に出て子どもたちと遊んでみてください。遊ぶのが難しければ、見回り程度でもよいのです。思いがけない発見があるはずです。

また、外に出たついでに、校舎や敷地の見回りもしました。今後の修繕の段取りを考えていたわけです。これにより、校長室に戻った時には、すでに修繕の日程を組んだり、必要物品を手配したりと、職員と協力して効率よく進めることができました。子どもに寄り添いながらも、次の一手を考えていたのです。

運動場で子どもたちと遊ぶ

朝の読み聞かせで紙芝居を読む

子どもへのお話

赴任すると、挨拶やお話をする機会が多くなります。職員の前、子どもたちの前、保護者や地域の方々の前など……。挨拶やお話は、よく内容を練って話を組み立てると、長くも短くもなく、聞き手に伝わる話ができます。

小学校では、子どもとの人間関係ができてくると、「今日の話は面白かった」とか、「少し長かった」など、友達感覚で言ってくれる児童も出てきます。言ってくれなくても、小学生は正直で、退屈になってくると表情や態度に出るのですぐ分かります。私の場合、入学式や卒業式などの儀式以外は原稿は用意せず、一つ二つくらいの柱立てくらいで話をしました。原稿があると時間と内容の心配はありませんが、聞き手の心に訴えかけるまでには至りません。内容勝負で話の組み立てが大切だと考えます。また、印象づける方法として、パネル（文字や写真など）を提示しながら話をしたこともあります。あの手この手でチャレンジしてみてください。

中学校では、生徒の挨拶も堂に入ったもので、生徒会長ともなると原稿なしということもあります。担任等の手も入るので、校長も挨拶では手を抜くことができません。たとえ短い話でも、しっかり準備しておいた方がいいでしょう。インパクトがあり、分かりやすく短くということがポイントです。どうしても立場上、指導的な話が多くなる傾向があるようですが、子どもにとってやる気の出るようなお話（よい点をほめるなど）がいいですね。小学校では学年差を考慮しながら内容に具体性が求められます。生徒指導主事と話が被るようであれば、生徒指導に関わる話題は生徒指導主事に任せた方がいいでしょう。

話は欲張らないことが何より大切です。内容を盛り込めば盛り込むほど、一つ一つの話題が中途半端になります。いかに分かりやすく短く話すかは永遠の課題かもしれません。皆さんもお気づきかと思いますが、歳を重ねるごとに話が長くなる傾向にあります。話すことを仕事にしてきた職業病といってもよいのかもしれませんが、思いが先に立ってしまうのでしょう。また、よい挨拶やお話をしようと思ったら、日ごろから日常の出来事や物事に関心を持つことです。そして、話したい内容を関連づけていくと具体性のある聞き手に伝わるよいお話ができると思います。

子どもにつけたい力

子どもに学校生活で何が楽しいかと聞くと、給食、休み時間、部活動、友達とのおしゃべりなどが出てくるでしょう。多分勉強は最後に出てくるはずです。この最後に出てくる勉強こそが教師が最も力を入れなければならないことです。子どもがあまり面白い、楽しいと感じない部分を引き上げるのですから、並大抵の努力では子どもは応えてくれません。教科書を教えるだけ、教科書を進めるだけ、さらに講義形式の一方的な授業では子どもは乗ってきません。「早く授業終わらないかな……」「この先生の授業はおもしろくないな」と思われるのが関の山です。ここが先生方に気づいてもらわなければならない点です。子どもが授業に乗ってこないのはまず自分の指導に工夫が足りないことに気づいてほしいのですが、学校訪問やＰＴＡの授業参観では、よそ行きの授業を行うものの、普段の授業が別内容では困ります。時間がない中でも教材研究は大切です。

職員に対する校長の話の中でもお願いばかりではなく、「この前の訪問の時、こんな場面があって、子どもたちも身を乗り出して授業を受けていたが、このような授業展開もいいですね」など、前向きで具体的な内容を交えてお話をすると効果的かと思います。教材研究や指導力の向上が大切であることに気づかせるとともに自分もやってみようかなという気にさせるのです。そうした視点を持ち合わせながら、つまるところ、子どもにつけさせたい力とは、学習指導要領の指導内容の定着ということになります。

子どもの学力向上

何はともあれ、学力向上という最終目標の達成は簡単にできるものではありません。指導内容や指導方法の見直しを図って継続的に取り組み、半年や1年後の学力診断テストの結果を見てビックリ！　一生懸命に取り組んだにもかかわらず数値には表れず、がっかりすることがあります。特に学力向上は推進役の研究主任を中心に全職員が本気にならないとなかなか前に進むこともできませんし、結果にもつながりません。

学校では研究部（名称はいろいろ、日立市では学校課題研究部）が中心となって、実態把握、研究推進計画、組織づくりと進められ実行に移します。学力向上に向けては、いろいろな角度からのアプローチが考えられますが、二つ言えることは、先進的な取り組みにチャレンジするか、今までの学力向上の取り組みを見直す（修正）かだと思います。また、小学校と中学校では実情が異なります。小学校では比較的どんな取り組みもやりやすいかと思いますが、中学校は教科担任制を取っているために、全体でとなるとどうしても難しいようです。結局、全教科に共通する指導課程や指導方法、さらには領域の研究に落ち着いてしまうのかなと思います。

子どもの実態把握はどうされますか？　私の経験からすれば、学力診断テストの結果分析の活用は、その後の指導計画の修正（重点化）に大いに役立ちました。さらに、学力診断テストの傾向もつかめ、日ごろの指導方法の改善にも役立ちました。

もう一つ、学校として引き受けることは容易ではありませんが、研究指定校の認定を受けることも学力向上の一手段です。かつての県や市の研究指定校は大変でしたが、近年は研究発表のための取り組みではなく、子どもたちの力になる研究に切り替えられ、指導力の向上にもつながっています。新任校長は勢いが違いますので、きっと研究に邁進し、良好な結果につなげていけると確信しています。

ところで、授業の基本は押さえられていますか？　校長として教室を訪問した時、教室や授業をどのように見ますか？　子どもの表情が生き生きとしているか、意欲的な態度で授業に臨んでいるか、教師は全体そして個々と子どもに寄り添い進めているか。また、子どもに考えさせる時間を十分に与え、子どもの発想を生かした授業展開を行っているか。さらに、教室内が清潔感にあふれ、個々を生かした教室環境になっているかなど、これらが基本的なこととして押さえられ、学校全体で統一して取り組まれないと、いくら学力向上をうたっても空回りで成果にはつながらないことを知っておいてください。

よりよい環境づくり

学習環境は校舎内外すべてにおいて学校の取り組む姿勢が一目で分かるものです。環境は人をつくる、人を変えると言われますから、非常に重要な部分であることは間違いありません。校舎内が子どもの作品や掲示物できちんと整理されていても、運動場や校舎周りが雑草で覆われていては、評価は下がってしまいます。特に気をつけたいのが、不要備品や作業用具などの散乱です。校長はそのあたりを見越して優先順位をつけて作業に取り組むと、校舎内の環境づくりと併せて校舎周りもきれいになり、子どもたちや職員にとって気持ちのよい潤いのある環境が手に入るのではないでしょうか。もちろん校舎周りの環境整備は用務員や管理職が中心になって行わなければなりません。子どもたちの清掃分担箇所ならば一緒にやると短時間で片付き、大きな力が期待できます。さらに職員も手伝ってくれたなら気持ちの面で一体感が生まれます。そして、校舎内に目を向ければ各教室も学年間で統一が図られ発達段階に即した学習環境が整っていくでしょう。その進捗状況を見極めながら校長はさらなる一手を打つわけです。それが、昇降口や職員室、校長室前の廊下環境の整備です。何年も同じ環境のままではありませんか？　職員には期限の切れたポスターなどすぐはがすように指示する割には、ご自分の領域に無頓着では困ります。校長は、校内をそぞろ歩きしながら常に改善点を見つけ、よりよい環境づくりに邁進しなければなりません。もちろん指示ばかりでは人は動きませんので、ご自分もできる範囲でやられた方がいいでしょう。そうしているうちに、学年で子どもたちの「めあて」や「目標」「将来の夢」など工夫した掲示物が貼られたなら、関係職員をしっかりと褒めることです。

特別支援教育の重視

近年、特別な支援を必要とする子どもの数が増加傾向にあり、各学校では特別支援教育の充実が求められています。特別支援教室への入級者が増えている背景には、検査体制が整ったこと、保護者の関心が高まったこと、障害の種類によっては普通授業に比べて柔軟なカリキュラムが受けられるようになったこと、支援員などの人的整備が整ってきたことなどが挙げられます。そのような状況の中で、校長が真っ先にやらなければならないことは、目の前にいる子どもにどのように手を差し伸べられるか、どのような支援をしていくのがいいのかを考えることです。もちろん、そこには保護者や関係機関との連携が重要になってきますが、大切なことは目の前にいる子どもに対して何ができるか、そして保護者の立場に立って考えていくことができるかだと思います。では担当者はどうでしょう。経験豊富な指導者がその増加や対応に追いつかないのが現状のようです。それだけに当該児童生徒や保護者のニーズにどう応えていくかも大きな課題と言えます。

私は教頭の時、校長から「教頭さん、学校は特別支援教育がしっかりできるかどうかで決まるんだぞ」と言われたことがあります。当時は、その意味がよく分からなかったのですが、子ども一人一人を大切にし、行き届いた教育をほどこすことは、全校生徒一人一人を大切にすることにつながり、ひいては学校全体がよくなるということが、後になってから分かりました。

特別支援教育の現状は、学校差すなわち取り組みにも差があるようです。特別支援教育の指導こそ教育の基本であり、充実を図るとともに、特別支援学級と通常学級の連携が図れているかを管理職が見極めなければなりません。さらに特別支援教育は専門性が高いために、担当者にお任せでやらせている学校では、校長が思い描いた姿と異なるスタイルで運営されているケースもあります。新任校長として赴任し、教師はこのようにやってくれているだろうと思っていたのに、現状は異なっていたというケースもあるようです。特別支援教育担当者の時間割、指導内容・方法、実際の動きなどは、必ず早い時期に確認しておくべきでしょう。いろいろ見えてくるものがあります。

支援を要する子どものために

学校で指導に当たる教員の数は、学級数に応じて決められています。その教員数で学校経営を円滑に推し進めることができるかと聞かれれば、それはなかなか難しいのが現状です。現在、特別支援学級や通常学級で支援を要する子どもが増加傾向にあります。この子どもたちをしっかりサポートできないと、学校全体として「楽しい学び合いの場づくり」や「確かな学力の定着」等は難しくなってしまいます。

私の地元の日立市では、生活指導員配置事業として、特別な支援を必要とする子どもや、日常生活での介助及び学習活動上支援を必要とする子どものために、市独自で各校に生活指導員を配置してくれています。この他にも様々な支援のための配置事業はありますが、ここでは割愛させていただきます。このように十分な支援が得られたことは、子どもたちや保護者のニーズに応えることができ、校長として本当に助かりました。感謝です。

第2章

学校経営への対応策

1 経営面での対応

学校行事への対応

新任校長として赴任すると、子どもたちもどんな校長先生だろうと興味を持って見ています。校長の姿勢としては、何事にも一生懸命であるということを前面に出すことが第一だと思います。そのような校長の姿勢が徐々に子どもたちとの距離を縮め、受け入れられていくはずです。とにかく校長は、職員から「この行事に出ていただけますか」と要請があったら、校内行事を最優先し、内容的にもできる限りの対応をすべきです。お話だけでも十分です。

3月と4月には年間で最も重要な儀式があります。特に卒業式は、主役の卒業生、保護者、招待者（来賓）と気が抜けない一大行事です。校長としてやるべきことは、卒業生の旅立ちに花を添えることです。ですから、儀式の流れをあまり変える必要はありません。かつて小学校では、対面式などの方法が流行った時代もありましたが、現在は対面式のよさが生かされ、欠点も克服され、従来のかたちに戻ったように思います。最後に校長は、はなむけの言葉を贈るわけですが、祝辞として文面を考えて読み伝えるわけですので、先述のように長すぎず短かすぎない話であれば問題ないでしょう。

加えて服装ですが、校長職は名誉職と考えれば、入学式や卒業式は正装（私の場合はモーニング）がいいと思います。校長の意気込みが卒業生、在校生、保護者、来賓や関係者に伝わるものだと考えるからです。幸い、私の勤務した2校は歴史と伝統がある地域だったので、モーニングは抵抗なく着ることができました。一生を通してモーニングや袴などは着る機会が少ないので着てみてもいいかもしれません。私の場合は作業着、ジャージからスーツ、さらに鎧兜まで着ましたので、子どもたちも今度の校長はいろいろな服を着るんだなと感じてくれたかと思います。

情報発信でひと工夫

校長の挨拶やお話などは情報発信の一つですが、学校だよりやホームページも情報発信の代表的なものです。学校だよりでは、まずはどんな紙面が使われてきたかを見てください。たぶんB4サイズかA4サイズ裏表くらいでしょう。大きな字で読みやすい文章になっていれば素晴らしいです。なぜこの体裁を褒めたかと言えば、読者（保護者）サイドに立っているからです。子どもが校長の長い話を嫌うように、保護者も長い文章は好まないと思います。仕事や子育て真っ最中で忙しい保護者に読んでもらうわけですから、かなりの工夫と努力が必要です。読み手を考えながら紙面づくりを三役、五役で考えるとよい学校だよりができあがります。タイトルで読者を引きつけ、中身で共感させ、最後でまとめることが大切です。身近な話題から入り、「ともに子育てを頑張っていきましょう」で締める姿勢が大切です。どうしても〝上から目線〟で文章を書いてしまうのは読み手に敬遠されてしまいます。校長としてどういう姿勢で今学校経営に当たっているのか、子どもたちをどう育てていきたいのかの姿勢を示しましょう。できあがって見直したら、各学年が出す学年だよりとあまり変わらないでは困ります。

また、事務連絡中心の内容でも困ります。できあがったら必ず職員に読んでもらい、誤字脱字から内容面まで各担当者にチェックしてもらうのがポイントです。校長が書いた文章が直せる、見直せるなどという機会はめったにありません。職員にとってもその立場に立って物事を考えるよい機会だと思います。「遠慮せずに訂正入れて」と言い、すばらしい訂正が入ったら感謝の言葉を伝えましょう。読み応えのある学校だよりの発行のプロセスで部下も伸びるというものです。

新任校長として、情報発信はいろいろな策があるわけですが、インパクトの大きいものや子どもたちにとって素晴らしい行事等が実施できそうな時には、新聞社などマスコミへの広報もお忘れなく。ぜひとも機会を逃さず行ってください。

公文書の作成と管理

学校から教育委員会に提出する文書の中で、作成者が学校長であれば「公文書」扱いとなります。さらに、学校長名の入った文書に職印（公印）が押されていれば、まぎれもなく公文書と言えます。ここで特に気をつけたい点は、今は簡単に文書がメールでやり取りされ、データとしていろんなところに保存されてしまうことです。ですから校長名で作成する文書は、内容もさることながら一字一句慎重に見直しを図りたいものです。

事故報告書を例にお話をしますと、学校から教育委員会へ提出した事故報告文書は公文書扱いになります。事故に係る保護者から開示請求が出された場合、教育委員会では該当文書があれば開示しなければならないこともあります。事実に基づいた内容であれば問題ありませんが、事実に反したり、思い込みの内容が盛り込まれていたりすると大きな問題になります。最終の事故報告書の作成に当たっては、いつ公になっても大丈夫だという確信が持てる状態になってから（状況によっては時間がかかっても）出すべきだと考えます。

さらに文書の内容は、論理的に書かれているに越したことはありません。一般に学校が作成する文書はダラダラして読みづらいものが多いと言われています。それが顕著に表れているのが事故報告書です。教育委員会に送付し、訂正なしで戻ってくれば、事故報告書に関しての作成能力は高いと評価していいと思います。とにかく学校長名が入っている文書、職印を押して出そうとする文書については、校長は「この文書は提出しても大丈夫かな」と立ち止まって見直すくらいの慎重さがほしいです。

文書等の最終決裁

学校から教育委員会や関係機関に提出される文書のほとんどに、最後に目を通すのは校長です。単に文書に目を通す作業ですが、部下の指導という点では非常に重要です。文書をチェックして修正することを赤を入れるとも言いますが（色は何でもOKです）、訂正で赤が多数入るのもあれば、ほとんど完璧に近いものもあります。訂正なしの時は教頭以下、担当者を大いに褒めてあげるといいですね。そのようなことを続けていると、不思議なもので、校長の考えに沿った文書が上がってくるようになります。まさに職員に力がついてきたなと思う瞬間です。ここまでくると校長としても文書を見るのが楽しくなります。

何より学校から出す文書は、どこで誰が見ているか分かりません。内容も大事ですが紙面の工夫にも気を配りたいです。つまり、読みやすさと読者を引きつけるひと工夫です。

職員から提出された文書を見る時、赤を入れすぎると、担当者はやる気をなくすのではと心配しますが、これではいつになっても力はつきません。私が30歳の時、中学校で文部省の英語の研究指定校を受けていた際、１年次の研究計画をＢ４サイズ２枚の文書にまとめ、教頭先生に最終手直しをお願いし、文書を戻された時は唖然としました。研究計画の２枚の文書が一面真っ赤だったからです。見た時はびっくりして落胆しましたが、若かったせいもあり、今の自分の実力だと気を取り直してワープロに向かいました。この若い時の経験から、手加減はいまだにしたことがありません。でも指導主事時代から、自分の作成した文書は、決裁前に必ず同僚に見てもらっていましたし、校長になっても最終的には教頭に見てもらっていました。

保護者の負担軽減

経営面で気をつかいたいのが、保護者の経済的負担です。学校では、教材購入から修学旅行に至るまで保護者の出費も多いことから、経営者としては保護者の負担を少しでも減らす努力が必要です。例えば、入学時や各学年で購入する物品の値段が適正かということは常に注視する必要があります。一度複数の業者から見積もりを取ると、今までこんなに高い金額を払っていたのかに気づかされます。

そこで見積もりの取り方ですが、小学校の修学旅行を例にとると、まず業者に何をお願いするかはっきりさせましょう。見積もり内容の条件を一定にしないと、ホテルなどはどのグレードのホテルの宿泊料かがはっきりせず、後から比べようがなくなってしまうからです。分からない場合は、前回の旅行内容を基準に出してもらうのも一つの手です。見積もりを取ることは手間がかかりますが、「少しでも安く」という努力は保護者に伝わると思います。

見積もり提出に当たって注意したいことは、長年携わってきた業者には十分な主旨説明をすることが大切です。さらに見積もり提出時に過剰な説明書やパンフレットも必要がないことを事前に言っておいた方がよいです。検討時に選定の妨げになるからです。

なぜ、私が入札にこだわるのかをお話しすると、公務員の給料からすると教材等の購入費などあまり気にならない額かもしれませんが、世の中では経済面で苦労されている保護者も多いということを考えていただきたいからです。ですから、もし学校で販売するものであれば学校販売価格として市場価格より少しでも安く購入できるようにすることが大切です。

時間外勤務への対応

教員はとにかく時間がいくらあっても足りないのが現状です。それくらい本当に大変な仕事です。この点を踏まえて職員と向き合っていかないと職務上の連携や人間関係も良好に保てなくなり、表面上はうまくいっているように見えても現状はうまくいかず、そのつけは必ず子どもに跳ね返ってくるというのが正直なところです。週休日（土・日曜日）に職員が地域行事等に打ち合わせや引率等で参加した時は、そこを管理職はしっかり押さえておかないといけません。さらに中学校になると、部活動との兼ね合いで時間外勤務が月にかなりの時間になることが予想されますので注意したいところです。週休日に勤務した場合（部活動は除く）は、土・日曜日以外の勤務日に週休日の振替が可能とされています。しかし学校という所は、子どもたちが登校していれば、就業日に振替休日を取ることは現実的には難しいです。長期休業時の動静表の作成時には、本人に管理職の方から必ず運用上の代休措置で取るよう声をかけることが大切です。管理職からこのひと言をかけることが大切で、最終的に取る・取らないは本人の判断となります。

学校評価への対応

①自己評価

経営者として、日々の取り組みを振り返り、課題や反省を次に生かしていくという自己評価はとても大切な取り組みです。しかし、形骸化、マンネリ化している可能性があります。評価項目が経営方針や具体策などに連動しているか、現実的なものになっているか、もう一度見直してみてはいかがでしょうか。私の場合は年に2回学校評価（自己評価）を実施し、1学期末の評価を2学期以降に生かすようにし、2学期末の評価を3学期以降と次年度に生かすようにしました。学校経営の見直しを図ったり改善したりしながら、さらなる学校の進展を目指すのであれば、自己評価は大切です。子どもたちを預かっている以上、保護者の皆さんの意見に耳を傾け、その意見を真摯に受け止め経営に生かし、期待に応えていくというのは、経営者として当然のことと思います。

②学校評議員による評価

ほとんどの学校では学校評議員を5名くらい委嘱して学校運営に参加していただいていると思います。その方々は、学校と地域の橋渡しとして携わっていることが多いでしょう。ですから、まずは評議員に何を見ていただき、どのような点について意見をいただくかを明確にしておくべきでしょう。

学校行事等に参加していただく場合は、評議員の皆さんに負担がかからないような配慮も必要です。第1回学校評議委員会開催時は、学校便覧や学校概要のわかる資料を準備するとよいでしょう。もちろん日ごろの取り組みをお知らせするという点では「学校だより」くらいは定期的に届けたいものです。こうした資料は、子どもたちの学習面、教育活動などで一本筋が通っているとより分かりやすいものになるでしょう。学校評議委員会は年3回とか5回の実施かと思いますが、私の場合は学校行事や授業参観でぜひ見ていただきたいものに絞って来校していただきました。そして、子どもたちのいろいろな面を見ていただけるように配慮しました。せっかく開催するのですから、内容的にも実のあるものにしたいものです。学校経営の改善や見直しを図るという意味では役に立つ会合であったと思います。後は人選ですね。特に主任児童員の方には、日ごろから子どもたちを見ていただいているので、情報も早く入る反面、ご意見や要望も多く、学校側も即対応が求められますが、逆に事前に対応が可能となり解決が図られたケースが多々ありました。やはり、日ごろから地域の子どもたちと関わりがある方々がいいですね。くれぐれも肩書中心の人選はやめた方がいいようです。表面的な話し合いになりかねません。一度委嘱したらそう簡単に変更もしにくいです。お気をつけください。

③保護者による評価

保護者アンケートは年末に1回実施し、評価項目は職員が実施する自己評価とある程度関連させて行っていました。特に最後の項目の自由記述はしっかりと書いていただきました。同じような意見も多く見られましたので、集約する形で回答を添え、学校だよりとして保護者にお戻ししました。説明でご理解いただけるもの、これから見直して取り組まなければならないものもありましたが、教頭が中心となって関係職員の意見も反映し、最終的には全職員にも諮ってから保護者に送付しました。優秀な職員に恵まれましたので、校長の出番は少なかったように思います。考えてみますと、この保護者による学校評価は、保護者が「子どもが通っている学校が少しでもよくなれば」という思いで評価項目に答えたり、意見を書いてくださっているので、学校側もしっかりお答えし改善を図っていけば、今まで以上に保護者の協力も得られます。ですから保護者アンケート結果を掲載した学校だよりを発行した後は、まず目に見えるものから手をつけ、年度内に行うものと新年度に持ち越すものを整理して改善に取り組みました。注意したいことは、年度内はともかく、新年度に持ち越して取り組むものについては絶対に忘れないように校長自らが気に留めておくことです。

新任校長同士で勉強会

新任校長として役に立った会合と言えば、「新任校長自主研修会」がありました。夜に定期的に集まって開いた自主研修会です。講師に先輩校長を招いて、その時期に応じた案件で勉強会を持ちました。そして、今抱えている課題や問題を出し合い、みんなで解決策を見出したりしたことは、周りに相談しづらい新任校長にとっては大いに助かった研修会でした。実は県教委や市教委からの人事異動の方針説明を一度聞いたくらいでは、その内容すべてを理解することが難しかったからです。

特に人事異動では、先輩校長から校内面談の進め方や書類の書き方、さらに教育委員会との人事面談への対応について懇切丁寧に指導を受けたことで人事事務を円滑に進めることができました。先輩に感謝、感謝です。そして定年退職すれば、老後とは言いませんが、また別な形での同期会として新たな会が生まれます。これまた楽しいですよ。大変な時期を乗り切った仲間ですから、同期会は大事にしたい会です。旅行に行っても楽しいです。だって、各教科の専門家の集団ですから、添乗員や案内人は要りません。一人一人が健康に気をつけ、末永く続けられるようにしていきたいと願っています。

2 管理面での対応

通知通達について

学校には、県または市の関係機関から通知通達文書が届きます。事が重大な場合は、臨時校長会が持たれ、教育委員会等から説明が加えられて通知文を渡されます。しかし、通常は教育委員会や関係機関からメール等で送付されてきます。メール到着後に、「周知徹底が図れたなら教育委員会に報告せよ」などと送られてくる文書もあり、気が抜けません。行政機関から届いた通知通達文書は、ある意味で命令であると考えた方がよいです。非常に重要な内容となっています。ですから、その数か月後、学校管理訪問があった場合などは、通知通達文書の対応を抜き打ちでチェックされることもあります。その時に、具体的な策が取られているとか、アイディアが盛り込まれて周知徹底が図られていれば、危機管理という点で評価は高くなります。ここで言いたいのは、まず、やっているという形を整えるということです。緊急を要した時は職員に口頭で伝えるのもいたしかたありませんが、それ以外はやはりコピーして校長の考えを書き加えて渡しましょう。行政機関等からの通知通達は非常に多いですが、軽視せずに徹底させることは校長の責務といえます。

公金・準公金の会計処理

学校には、市で予算化してくれる学校教育予算と、保護者から集める教育費（主に学年会計費・教材費）があります。いわゆる公金、準公金と呼ばれるものです。今はどこの市町村でも県の指導もあり、学校会計事務処理マニュアルが作成され、適正に処理されていることと思います。例えば担当者だけに処理が任されているとか、会計の出し入れ簿がなく通帳だけで処理されているなどということは絶対にないとは思いますが、いま一度、会計処理の流れや物品購入等の流れは、確認しておいた方がよいです。担当者任せにしておいて、1年が経つ頃には市の監査が入り、大慌てなどということになりかねません。最終的に、諸帳簿には校長や教頭の認印が押されますので、適正に処理されているという証です。それだけに諸帳簿に職印（公印）や認印を押すに当たっては慎重を期したいものです。

また、監査委員から不備を指摘されたなら、最終責任者は校長となります。逆に、諸帳簿が適正に処理され監査も通ったなら、新任校長としても嬉しい限りですし、担当者の労をねぎらうなどの気配りはほしいですね。

現金等の管理

お金の管理といっても、子どもたちからの集金や職員の貴重品まで様々な対応が出てきます。子ども関係で心配されるのが、口座引き落としではないケースの集金です。物品等の購入では、購入予定日にせっかくお金を学校に持ってきたのに、本人が出さなかったり、担任も集め忘れて、帰りの会の時になくなったことに気づくといったケースです。お金の紛失は後にもしこりが残る厄介な問題です。小学校から盗癖の申し送りがあった場合などは中学校で対策を取っておかないと必ずといってよいほど再発します。また、職員関係では個人の現金の紛失、一時金庫保管中の学年会計費の紛失、学年会計費の使い込みなどいろいろあります。

これら一つ一つの対応を考えるより大事なことは、現金を学校には置かない、集金後は直ちに銀行へ振り込む、職員の貴重品はカギがかかる机の引き出しやロッカーに保管というように、原則を示しておくことです。何ら対策を取らずにいて何か事故が起きた場合には、校長の管理責任問題に発展しかねません。とにかく校長はこのようなケースがどこでも起こりうるという認識を常に持つことです。

施設の施錠

管理職にとって大切な仕事の一つが施設の維持管理です。施設の見回りは、朝から教頭とか生徒指導主事が行っているかと思います。管理職にとって、校舎などの管理は子どもの教育の次に大切な仕事の一つです。日ごろから蛍光灯の球切れとか廊下や壁面の破損などの対応を心がけていれば問題ありませんが、ルーズになっていると訪問指導時に管理の甘さを見抜かれ、指導が入ってしまいます。そして、管理面で大切なことが1日の最後の戸締まり・施錠です。これがルーズだと施設管理もその程度かと評されてしまいます。評価されるからやるのではなく、やるからには前向きにしっかりとやりたいものです。この点については生徒指導主事や教務主任、さらには教頭にもよく周知徹底しておくことが大切です。意欲的に取り組む姿は誰が見ても気持ちのよいものです。朝から体育館に消火液が撒かれていたり、校舎に落書きがされていたりした場合には、子どもたちが登校する前に現場検証や後片付けを終えられるとよいです。しかし、再発防止の観点からすると、警察が入って現場検証をしている様子を見せることも大切ですが、子どもたちにはあまり見せたくない光景です。中学校などは部活動の関係でどうしても施錠ミスが多くなります。たまに休日の夕方に見回ると、1か所くらい鍵がかかっていないことがあります。翌日、たとえ校長自らが見回ったとしても、教頭から関係職員に話してもらうことで、管理職は休みの日にわざわざ見回ってくれていることが分かり、信頼関係もいっそう強まる結果となります。校長は自分がやっても手柄にしてはだめなこともあります。部下を立てることもお忘れなく。

新任校長としてもう一つ注意しなければならない点は、未施錠の所から外部の者が侵入した場合です。窓を破られて入られたのは防ぎようがありませんから、責任は問われないと思います。たかが施錠かもしれませんが、管理職の資質が問われるほど大事な仕事です。一事が万事という言葉がありますが、戸締まりは施設管理の基本中の基本と言えますので、ここはしっかり押さえておきましょう。

学校施設の管理

施設面は点検により危険箇所が見つかります。危険と判断し、自力で直せればいいのですが、直せないものは必ず文書（メール可）で市教育委員会に報告しておきましょう。なぜならば、口頭による報告は当事者同士で何も残らないからです。文書を交わしておけば、自分一人で責任を負うことは回避できます。報告もせず、自分で抱えていると、思わぬ時に責任問題が浮上し、報告しなかったことの失敗に気づくものです。このことは施設面に限ったことではありません。学校事故等も同様です。

新任校長として新校舎に入れたならかなりラッキーです。普通は、かなり年数の経った校舎へ入ることがほとんどだからです。しかしこれは、発想を変えるとやりがいがあります。学校がきれいに変わっていくのを実感できるからです。それじゃ修繕などをやろうと考えるわけですが、誰もがそのような作業に長けているわけではありません。やろうとする姿勢が大切です。専門的なことは、用務主事さんに任せるのが一番ですが、手伝って一緒に作業をすることで身につくこともあります。何もかも人任せで自分はリーダーシップを発揮していると勘違いしている校長もいますが、私の場合は逆でした。よく校長は「校長職に専念しろ」とも言われますが、時には職員と一緒に汗をかくことも大切です。

校舎周りの安全管理

職員による月1回の安全点検がどの学校でも実施されていると思いますが、やはり新任校では自分の目で確認することが大切です。校舎の壁の剥離や亀裂など、さらには敷地内の危険箇所を見つけたなら、直ちに改修に向けた措置を講じましょう。「直ちに」とは、事故は待ってはくれないからです。直そうと思っていた矢先に事故が起こってしまったというケースは多いからです。なぜ学校は事故が起きやすいのか。管理面が問題ではなく、子どもたちの興味関心は大人と違い、汚い所、危ない所、暗い所などにあります。まさかこんな所で……と思う所で事故は起きます。

校長は、子どもたちの命を預かるという意識を強く持ち、子どもたちにとっての安心と安全を常に考えていかなければなりません。日立市では、東日本大震災以降に校舎の耐震化工事が計画的に進められ、校舎そのものの不安はなくなりました。しかし外壁の剥離や壁の亀裂などには、常に「大丈夫か？」という疑いの目をもって対処したいものです。さらに、問題があると感じたら、直ちに市教育委員会に一報を入れることが大切ですし、緊急性がある場合には自ら教育委員会に出向くくらいの意識を持ちましょう。

見落としがちな危険箇所

平成30年6月に起きた大阪北部地震で、学校のブロック塀が倒れ、登校途中の女児が死亡するという痛ましい事故が起こったことは記憶に新しいところです。学校では安全点検業者や職員による施設点検が定期的に行われています。しかし、点検の見落としや想定外の要因で事故が起きてしまうことも事実です。ここでは学校施設を中心に、過去に起きた事案に照らし合わせて予想される危険箇所を列挙してみます。

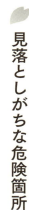

①校庭周り

校庭周りでは、サッカーゴールやハンドボールゴールの固定不十分により、強風で倒れたり、子どもがぶら下がったりしたために倒壊につながり、事故が起きます。同様に、バスケットボールのゴール板も固定ボルトが腐食すると強風やボールが複数回当たることで落下し、事故につながります。

②遊具

小学校の校庭には遊具がたくさんあります。回転塔は危険遊具として撤去されていると思いますが、他の遊具では基礎部分等の腐食による倒壊事故が多いようです。

③植木

校庭、道路、職員駐車場に面した老木に注意したいです。強風や腐朽により枝が折れたり、根元から倒壊することがあります。

④プール

プールでは、底にある排水溝の格子蓋の固定が不完全だったために、プール実習が始まってから何らかの原因で外れ、子どもが吸い込まれる危険があります。また、外部からの侵入を防ぐため、柵の上には有刺鉄線が張られていますが、腐食等で外れるとそこから侵入され、プール内での事故につながります。夏場に多いです。

⑤校舎の窓

校舎の窓枠が老朽化していて、掃除中の開閉時や強風により枠から外れ、落下することがあります。

⑥ベランダ

２階以上の教室のベランダも、付け根の老朽化により子どもが大勢で乗ると落下の可能性があります。

⑦刈り払い機

刈り払い機によるケガと、飛び石による校舎のガラスや駐車中の車の破損事故がありま す。車があれば移動させてから行うなどの配慮が必要です。

⑧屋根や樹木

これは施設には関係ありませんが、小中学校ともに屋根や樹木に引っかかったボールを取りに上った際の転落もあります。特に、通路屋根がスレートの場合は抜け落ちる可能性が高いです。

以上のようなことが心配されますが、校長としては職員と協力してできることは即対応しなければなりません。また、対応が難しいものについては市教育委員会の施設管理担当課に電話と文書で連絡しておくとよいです。定期的に危険箇所点検は行われていると思いますが、発見したならできる限り早く対応してください。事故は明日まで待ってくれません。

危機管理意識の向上

学校では、年間を通して、安全対策の一環として避難訓練が実施されます。いわゆる防災訓練、不審者対策、交通安全指導、引き渡し訓練などが計画的に行われます。

私が校長として心がけていたことは二つあります。一つはこれらの訓練の実施時期です。できる限り各学期の初めに実施するように担当者に調整してもらいました。突発的な災難・災害は待ってくれないからです。もう一つは、これらの訓練では、必ず関係機関と連携して専門家の協力を得ることを心がけました。学校内部の担当者で実施するのは手間がかからず簡単ですが、消防署員が来た、警察署員が来た、消防車が来たとなると子どもの訓練意識が高まります。また、関係者の生の声を聞かせることも心がけました。このように専門家の力を借りることで、子どもたちの危険回避能力を高めるとともに、「夢を育む感動体験」にも結びつけようと考えたわけです。

学習環境の整備

校長の仕事の一つに学習環境の整備があります。これは赴任後に真っ先に取りかかりたい仕事の一つです。私の場合、赴任校が学習環境面や生徒指導面で状況があまりよくない方がやりがいがあります。直すべき点がたくさんあるからです。学習環境面は、取り組めば取り組むほど勉強がしやすい環境が整います。もちろん、子どもたちや保護者・地域の方々はその変化を敏感に感じ取ります。学校改革はまず形からですね。私の校長としての1校目は、空き教室に廃棄の机や椅子などが積まれているような学校でしたが、職員の手も借りて校内をくまなくきれいにしました。

また、職員駐車場も、グランドや校舎脇から中庭へと、児童の安全面を重視して場所を変更し、新しく作りました。2校目では校舎の耐震化工事があったこともあり、校舎内外の大掃除と片付けを行いました。地下倉庫ともいうべきところに職員用木製机等がたくさん積み上げられていました。時間をつくっては、職員総出で片付けをしました。教頭は玄関先も併せて整備を進めてくれたので、地域の方々からも「きれいになりましたね」とお褒めの言葉をかけられていました。人間というものは褒められると嬉しくてさらに力を発揮するので、結局校内隅々まできれいになりました。私たちの仕事というものは、すべて子どもたちのためを思ってのことで、潤いのある整った学習環境の中で楽しく学習に向かう子どもたちの姿が一番の励みです。

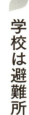

学校は避難所

学校における避難所開設の仕事は、市の防災担当者または地域コミュニティの担当者が行うと理解している方も多いかと思います。現在、市の防災担当課から避難所開設について学校がどのような説明を受けているか分かりませんが、就業時間であれば、当然学校も対応するようになります。

これは東日本大震災の教訓からです。日中に限ったことですが、実際は地域コミュニティ担当者や市の防災担当者が到着するより先に、地域の避難者が到着する可能性があります。地域の避難者は、困ったことがあれば、学校の職員であろうと遠慮なく声をかけてきます。そこには避難所担当者が誰なのかの区別などありません。校長はこのような状況下では、安全確保として子どもと職員の屋外退避・安否確認、施設点検、保護者引き渡しによる子どもの下校を最優先に考え、併せて避難所対応も行わなければなりません。ここまでくれば、市や地域コミュニティ担当者も到着し配置に着くでしょうから、今度は職員をどうするかです。しかし、避難者がさらに集まって来たとすると、駐車場の区分け、災害支援物資搬入路の確保、体育館内の必要備品の準備・配置、連絡伝達用黒板設置、体育館に続き校舎内にも避難所設置等々と、市の担当者だけではさばききれず、最終的には学校職員が手伝うようになります。市や地域の防災担当者は、何がどこにあるかさっぱり分かりません。学校の職員も責任感が強いので帰宅時刻も気にせず手伝うと思いますが、職員がこのような事態にならないように校長は事前の打ち合わせをしっかりやっておく必要があります。東日本大震災から8年が経過し、避難所運営担当者の顔ぶれも変わった今では、運営はかなり厳しいと言えるでしょう。

3 職員への対応と育成

職員に寄り添う

校長は、職員が困った時こそ持てる力を存分に発揮したいものです。それだけに校長は、日ごろからいろいろな問題に関心を持ち、対応策を考えておくことが大切です。赴任してすぐに問題に直面するかもしれません。特に、生徒指導上の問題や学校事故となると校長の出番です。就業時間中の子ども同士のトラブルによるケガを例にとると、ケガの程度にもよりますが、病院対応、事実関係の確認、子ども同士の関係改善、そして保護者への事実関係の説明という一連の対応が考えられます。このようなケースでは、通常は休み時間や放課後の時間に今後の対応を話し合います。やはり何事も組織で動くということが基本ですから、今後の進め方や役割分担をはっきりさせてから動けば、抜けも少なくなり、対応する職員も自信を持って対応に当たれるものです。ここで大切なのが、校長も一緒になって解決に当たっていくという姿勢です。打ち合わせをしたら、あとは職員任せでは困ります。問題の解決が夜遅くまでかかっているようでしたら、校長は関係職員が学校に戻ってくるまで待つくらいは当然のことです。そしてねぎらいの言葉をかけることです。このようなことを繰り返す中で、校長と職員との信頼関係は一層強まり、学校運営がスムーズに行くことは間違いありません。頑張ってみてください。

職員の指導力アップ

教員の資質向上について言葉で言うのは簡単ですが、実際に校長として何をどうしたら向上につながるのかとなれば大変難しいことです。しかし、視点を変えて考えてみましょう。子どもや保護者が望んでいる先生像、期待している先生像からスタートすると、解決策が見えてくるかもしれません。教師には信頼と指導力が何より求められていることはお分かりの通りです。

私の初任者時代の経験をお話ししますと、赴任した小学校は茨城県内でも有数のマンモス校で、研究指定校でもあったため、同僚や先輩方から多くのことを学ぶことができました。次に異動した中学校は学力が高く部活動が盛んな大規模校でした。若くて時間的にも余裕があったので、生徒指導、教科指導、部活動の指導など夢中で取り組んだ結果、多少とも力量アップが図れたように思います。最近、教員の中には、無理をしたくない、大変な仕事は避けて通りたい、上には立ちたくないという傾向も見られます。教育現場の大変さは、私の若い頃とは比べものにならないことはよく分かっています。それでも、あえて挑戦してこそ多くのことが学べ、指導力の向上にもつながることを、職員には言い続けたいです。さらに職員を伸ばすためには、子どもの指導と同様に職員の頑張りを見極めて褒めることです。そして、計画的に職員を伸ばそうと考えるなら、研究部などの組織力を生かして進めることが最善であると言えます。それには、研究部の活性化が図れていなければなりません。

職員への周知徹底

通知通達により行政指導があった場合、校長は職員に周知徹底を図りましょう。この周知徹底こそ、ある意味で「部下職員を守る」ことにつながります。例えば、教育委員会から管内交通事故多発のため下校指導強化の通知が届いたとします。しかし、職員が昼休みに起きた子ども同士のトラブルで当該児童を残して事情聴取を行い、遅れて下校させたために子どもが交通事故に遭ってしまったとすると、誰が責任を取るのかということになります。しっかり職員を指導し一斉下校を徹底させることこそ先生方を守ることになるのです。普段から職員への指導が甘くなっていると、職員も自分の判断で動くケースが多くなり、このようなケースが出てきます。校長がしっかりと指導し、職員に守らせることこそ職員を守ることにつながるんだということをいま一度お考えください。

逆なケースでは、不祥事を起こした職員を教育委員会に報告すると、本人の将来に影響が出るからなどと校長が報告を怠るケースがありますが、被害者がもみ消しと判断して訴えを起こし、問題がさらに大きくなってしまうと、本人はもちろん校長にも処分が下されます。さらに校長や当該教員に対しては、報告を怠ったことに社会的な制裁も加わり、通常の処分だけに終わらなくなります。起こしてしまった不祥事に対しては、本人の反省とともに本人に適正な処分を受けさせることこそ、本人を守ることにつながるんだということを校長は肝に銘じておくべきです。

職員の文書力アップ

校長になると会議や研修会の文書を作成したり、市教委等への報告書などに目を通したりと文書漬けの毎日といえます。文書づくりで注意したいことは、簡潔な内容を心がけることです。研修会関係の資料の作成ではテーマが決まっている場合とテーマが決まっていない場合があります。前者については、あらかじめテーマに沿ったポイント（訴えたいこと・言わんとすること）を押さえることと柱立てが大切になってきます。私は、ひらめいたときにメモを取り、いくつかのメモを参考に柱立てを行い、肉付けしていくという手法をとっています。一度に書き上げるというのはなかなか時間がない中では難しいです。時間があるときに虫食い状態で進めておくと効率がいいように思います。同時に関係資料もいろいろ集めてファイルしておくと作業が捗ります。テーマが決まっていない場合のテーマづくりや柱立てのアイディアは、いろいろな仕事をしているときに気がつくことが多いですね。ですから、手帳はいつも持ち歩いています。テーマが決まっていない場合は、読み手が何を一番求めているか、何を知りたがっているかに重点を置いてテーマ選定を行うことがカギとなります。結局、テーマづくりに時間を割くようになると思いますが、一度テーマが決まってしまえば、実践に基づいて書き上げていくだけです。

できれば、両者とも柱立てだけで済めば最高ですが、一応ページを埋めなければ気が収まらないのも職業病というところでしょう。さらに、教員は文章がだらだらと長くなる傾向があるので注意したいところです。

管理職候補者への支援

ここでは、教頭や校長候補者への校長の関わりについて述べたいと思います。

管理職登用試験の選考委員は、候補者の何を見ているかを推測すると、何をすべきかが分かってきます。すなわち「人物」です。候補者は各現場や各市町村教育委員会から推薦されるような方で、現職については申し分のない方々ばかりです。それではどこを基準にということになりますが、選考基準として実績はもちろん重視されますが、今後、新たな立場で十分にやっていけるかどうかが試されていると考えた方がよいでしょう。「ああ、この人ならやっていける」という判断がいただけるかどうかです。これをクリアできないと、まず突破は無理でしょう。試験官は子どもや学校の職員、保護者や地域の方などを常に意識し、表情や受け応えの態度、そして返答内容を審査するわけです。筆記試験、論文試験、面接試験と高得点が取れることに越したことはありませんが、今までの自らの実績・実力を信じて試験に臨ませることが大切です。以上述べたことは、管理職登用試験に限らず、あらゆる選抜試験に相通ずるものと思います。

私が管理職試験候補者と行った主な練習は、1対1の問答形式が中心でした。ある程度の予想問題にしたがって問答形式で進めていきます。すべて頭に入っていることが前提で、答えが物足りない場合や答えられない場合は、こちらから補足します。これを毎日何回も繰り返して頭に定着させます。併せてこちらがやることは、話し方や態度をチェックすることです。これにより筆記試験、論文試験、面接試験も乗り切れます。特に論文は、研修会で書き方を練習しているでしょうから、頭に入っていることを書いていくだけのことです。試験前日は、本人に対してここまで練習してきたので、自信をもって臨むことと元気よくやってくることを伝えて送り出せば、校長の役目は終わりとなります。

第3章

事故への対応策

1 学校事故への対応

ニュースから見えてくるもの

校長の仕事をしたことのある者にとって、学校の事故関係のニュースは心配しながらも見てしまいます。報道というものは、事件や事故の背景等について触れられることは少なく、起こった事実のみが伝えられます。当たり前ですが、見るものにとっては背景には何があったんだろうと推察せざるを得ないのが正直なところです。

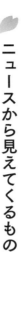

いじめを例にとってみても、子どもや保護者から相談があり、学校としても対応していたが自殺につながってしまったなど、全国的に同様のケースは後を絶たないようです。最近は、遺族からの要請を受ける前に学校と教育委員会が連携して第三者委員会を立ち上げるなど対応が早いです。しかし、いじめや自殺の背景や全容が報道されることは少なく、どのように収拾したのかと心配しています。

なぜこのようなお話をしたかと申しますと、いじめによる自殺となれば、事実の確認とともに、その一つ一つを検証するという作業が入ってきます。もちろん児童生徒や職員、さらに保護者などからも事情聴取をしなければなりませんし、記録として残っているアンケート調査（いじめ）も検証しなければならず、膨大な作業が待っています。これにはかなりの時間と労力が必要となり、その間在籍している子どもたちの日々の指導もやらなければならず、大変の一言に尽きます。遺族の思いを察すれば最優先で取り組まなければなりませんし、遺族と学校や教育委員会の関係が途切れているケースは別として、遺族との関係づくりは校長が先頭に立ってやらなければなりません。また、保護者対応、マスコミ対応、関係機関対応などやるべきことが数限りない中、市教育委員会が前面に出て助けてくれれば、多少なりとも負担が軽減されます。

そのような対応の中、学校や市教育委員会が行う記者会見を拝見していますと、大丈夫かと心配させられる場面が見受けられます。通常は学校が想定問答を作成して、市教委や県教委に確認して会見に臨むべきなのでしょうが、準備不足というか行き当たりばったりで臨んでいるケースも見受けられます。学校が開く場合は教育委員会も同席したり、教育委員会で会見を開く場合は校長も同席するなどの対応が出てきます。学校だけで対応するようにと言われたら、教育委員会も同席してもらうことを伝えるべきです。それでなくても、学校は臨時保護者会の対応やＰＴＡ役員（特に会長）などへの対応で忙しいわけですから、学校側から教育委員会に応援要請をすべきです。それにより連携が強化され、事故対応そのものに学校は集中できます。これが大切です。第三者委員会もいいのですが、公平公正の観点から考えれば、学校、そして教育委員会がそうでなければおかしいのではないでしょうか。そこの信頼が失われている、失われてしまったことも問題の一つと言わざるを得ません。

日ごろからの構え

それでも起きる時は、事故は起きるのです。基本は、現場での対応を最優先し、子どもでも職員でも、近くにいる職員に職員室や保健室への連絡、さらに、緊急事態と判断すれば、ためらわず救急車の手配と、ここまではできて当たり前と言えます。

なぜここまで徹底するかは、分かると思いますが、全職員がこれくらいの動きができるようにしておかないと、校長不在という状況も起こりうるわけです。事故が発生したなら直ちに初期対応を現場で行ってもらう、そして校長は連絡を受け、対応措置を講じたなら速やかに関係機関に連絡を入れます。命に関わる緊急事態であれば、教育委員会や教育事務所に第一報を入れます。子どもか職員か、何が起きてどのような状況かだけで十分です。

子どもであれば保護者への連絡と対応できる職員を配置し状況を見守ります。そうこうしている間に教育委員会から状況確認の電話も入りますので、その後の対応を伝え、併せて状況の変化を伝えれば、教育委員会からさらなる一手（新たな対応や支援）が示されるはずです。

私が教頭時代からよく心がけていたことは、事故等の現場対応で時間が少しでも取れるようであれば、けが人を一時的に保健室で治療しているときに、校長は関係職員と短時間で概況報告、対応確認、役割分担等を話し合い、一斉に動き出せるようにしたことです。緊急性が高い場合にはこの限りではありませんが、打ち合わせを行った時と行えなかった時では、その後の事故対応が異なったものになるのは明らかです。もちろん、職員も臨機応変な対応が身についているか身についていないかでも大きく違ってきます。学校は常に子どもたちが活動する場なのでいくら注意しても事故は起こりうるといえばそれまでですが、ある程度は防げることばかりのように思います。

第一報の大切さ

一旦事故が起きた時、報告を受けた校長は同時進行で複数の対応を考えなければなりません。子どもの事故対応でも述べましたが、基本の対応は、現場対応を最優先し、現場の状況を把握するとともに対応策を考えて動くことです。その時、慌てふためいて動いてしまうと忘れがちなのが対応した時間ですので、時系列にメモを取っておくことが大切です。そして、ある程度状況が分かったなら教育委員会へ第一報を入れます。のんびりしていると、委員会から電話が入ることもあります。つまり、事故内容にもよりますが、関係する機関である警察署、消防署、近隣住民、新聞社などから教育委員会には先に電話が入ることがあります。教育委員会としても、ある程度つかんでいないと、問い合わせに対応できません。事故の第一報が教育委員会に入っていれば、「学校から連絡は入っています、詳細については調査中です」などと答えられます。教育委員会がこのように答えられれば、学校と教育委員会は連携が取れているのだと思ってもらえます。

余談になりますが、子どものケガ等で救急車を手配した時なども同様です。大げさにする必要はありませんが、救急車の出動要請は、教育委員会に一報を入れておいた方がよいです。なぜなら、消防本部と市教委は行政機関同士のため、情報が伝わる可能性があるからです。「先ほど○○中学校の生徒が大ケガをして○○病院へ救急車で運ばれたが、委員会は状況を把握していますか」などと、教育委員会に連絡があったりすれば、「まだ学校から連絡がないがどうなってるんだ」ということになってしまいます。

子どものトラブルに関わる学校の対応では、保護者が学校に信頼が持てなくなった時、教育委員会に頼みを求めます。事前に学校が教育委員会に報告しておけば教育委員会が保護者に対し、「その件については学校から連絡が入っていますよ」と答えることができ、保護者の学校に対する不信感も少しやわらぎます。電話をしてきた保護者も事前に学校が教育委員会に報告していたんだということになり、多少なりとも信頼が回復し、学校はこんなことでも一々報告しているんだと理解されます。ケースバイケースですが、教育委員会に保護者から連絡（苦情）が行きそうだと思った時は、校長はいち早く電話を入れておいた方がよいです。

事故報告書の作成

事故報告書の書き方は、普段から慣れておくことが大切です。どこへ出すのか誰が読むのかを考えれば、自分本位の文章では公には認められません。

そうならないためにも、校長が最終的に目を通して、第一報や事故報告書を提出させれば、それぞれの立場にある教頭、教務主任、生徒指導主事の評価も上がります。そこまで考えてしっかり目を通しましょう。俗に言う5W（いつ、どこで、だれが、何を、なぜ）を明確に記述することが大切です。校内だけの文書ならまだしも、行政関係へ提出する文書は特に注意を払いたいです。事故報告書は、ある程度開示ということも意識して作成しなければなりません。思い込みや感情的な言葉が入ると後で困ることになります。市教委へ提出する文書ですら、公文書として出すという前提に立ち、人すなわち被害者、加害者が絡む事故であれば、なおさら事実関係を中心に作成します。

文書の内容については、その場で保護者に出せるくらいの内容だといいのですが、もし保護者が文書での報告を望んだなら、最終的に当事者同士が納得した内容になっていることが大切です。同時にその文書を保護者に渡す判断は、市教委と緊密に連絡を取り合うことが必要でしょう。

一旦、県教育委員会まで報告するような重大事故となると、事故対応を行いながら、詳細な事故報告も行わなければならなくなり、忙しくなります。しかし、事故対応に市教委や県教委が加わってもらえるので、様々な対応に自信を持って臨めますし、解決への道筋も見えてくると思います。

報告先　○○市教育委員会教育長　殿

受　　　付

発信者：○○小　○○　○○

学校事故報告書

1　報告日時　平成　　年　月　日（　曜日）午前・後　　時　　分

2　報 告 者　○○市立○○小学校長（校長　○○　○○）

3　事 故 名　児・生・教・学　の　交通事故　（管理　内・外）

4　事故日時　平成○○年○○月○○日（○曜日）午前・後　○時○○分頃

5　場　　所　○○市○○○町○丁目付近の国道○号線(○○信号から○○方面へ向かって１００m付近)

6　事 故 者　○○　○○（教論）○年○組担任　（○○歳）

7　事故相手　○○　○○　（株式会社　○○○○）

8　事故の程度　事 故 者　･･･　前部バンパーとナンバープレートとのゆがみ
　　　　　　　事故相手　･･･　後部バンパーのゆがみと留め具の不具合

9　事故概況

(1) ○月○○日(○)午後７時１０分に事故者○○教諭より以下の交通事故の報告を受けた。

事故の概況：同日午後６時５０分頃、○○市○○町の国道○号を○○方面に向けて帰宅途中，渋滞していたため，のろのろ運転をしていた。○○信号を○○方面に向けて１００m程度進んだ緩やかな下り坂で，前車が止まったのに気づくのが遅れブレーキを踏んだが間に合わず追突した。

(2) 直ちに，市教委○○課長に事故の一報を入れ，事故の概況を報告し指導を受けた。

(3) 事故後に事故現場に向かった○○教頭から、事故者や事故相手の様子、現場の状況等について報告を受けた。○○教諭の前方不注意による事故とのことである。警察の指導のもと物損事故で処理することになった。

10　今後の対応（再発防止策及び改善策）

・職員集会で，改めて交通法規の遵守と慎重な運転をすることを指導する。
・軽微な事故であっても，すぐに校長（教頭）に報告することを徹底する。
・交通事故は重大な過失を招くこともあるので，職員研修で交通事故の未然防止と再発防止を徹底する。
・出勤，退勤にあたっては，時間に余裕を持つように指導を継続する。
・加害者になった場合は，事故相手に誠意をもった対応をするよう指導する。

学校事故報告書記入例

事実確認は入念に

事故報告書の提出は早いに越したことはありませんが、状況を当該児童生徒や担当者だけに聞くのではなく、周りにいた子どもや職員から状況を聞いたうえでまとめることが大切です。ですから、校長としてすべきことは、作成者に複数の情報を元にしているのかを投げかけることです。校長が目を通して、よくまとまっているなどとして送ってしまった後、市教委から「ここで交わされた言葉は間違いないですね？」と念を押されて、「いや、当該児童生徒から聞いただけです」などと返したら、「相手や周りで見ていた人からも聞いてください」と言われてしまいます。

事故報告書は、市教委の担当者が目を通したあと、上に上がっていきます。訂正なしでしたら普通です。訂正が入るようでは大変です。中身的には時系列で対応を記載していくわけですが、事務的、すなわち教頭の動きや校長の動きばかりの内容にならないように注意したいものです。家庭訪問で交わされた話や相手の表情等が入ると、市教委もベストな対応ができるようになります。ただ表現の仕方で注意したいことが一つあります。「学校側が保護者に謝罪して理解が得られた」とよく書きがちですが、「許しを得た」と書くのが正しいです。「理解」という表現は、どの段階まで許されたのかが曖昧だからです。許されて初めて、事故後の対応が前に進むのです。

もめ事と保護者対応

ここで触れるのがよいか迷うところですが、学校事故が発生すると必ずや保護者対応が出てきます。ひと昔前であれば、話し合いで事が解決することが多かったように思いますが、今は問題がこじれると話し合いが長期化する傾向にあります。そうなってくると注意しなければならないことが二つあります。一つは学校側の対応ですが、必ず複数人での対応が基本となります。話し合いの前にお断りを入れて記録を取らせていただくことと、そこまで必要ない場合は、話し合い終了後に学校側同席者と記憶をたどって文書に残しておきます。話し合いの回数が多くなると、前回の内容の確認が必ず必要になってきますので、しっかり記録を取っておくべきでしょう。二つ目は、保護者側への対応です。相手が興奮している場合は、落ち着いてからの話し合いになるわけですが、最近はＩＣレコーダーを持ち込む方もいます。慣れていない校長は、ＩＣレコーダーやスマートフォンを見ただけで言いたいことが言えなくなってしまうこともあります。しかし、隠して録音されるよりはマシです。通常、隠して（相手に黙って）録音したものを公の場で公表した場合、傷害罪に問われる場合がありますので、あまり驚く必要はないと思います。結局のところ、校長として注意したいことは、事実に基づいて誠意を持って話すことを基本に、あいまいな内容や個人的な感想等は控えるということです。さらに、学校側に非がある場合は、校長と当該職員が謝罪し、今後の学校側の対応や進め方（再発防止策）を校長がしっかり述べることが大切です。

見切り発車は危険

私の場合、事故対応では必ず対策会議を持ってから始めるようにしていました。ここまでなら学級担任で、そのあとは生徒指導主事も同席して、というように対応の具体策と役割分担をはっきりさせたので職員が一体感を持って対応できたように思います。しかし、状況によっては、待ったなしの場合もありますので、そこは校長の出番としておきましょう。まずは、何か問題が起きたらすぐに報告が校長や教頭に上がるような職場環境が求められます。

前述のように打ち合わせを行ってから対応に当たってもうまくいかない場合があります。

対応が拙速すぎる場合です。失敗例の一つですが、保護者から「うちの子がいじめに加担して疑われているようなのだが、どうなっているのか」という連絡が入り、生徒指導主事と担任で説明に伺ったが、らちが明かず、私も同行して再度訪問したが、余計傷口が大きくなってしまった経験があります。帰りの車の中で、生徒指導主事と「事実関係が十分に把握できていない段階や準備不足で乗り込むとこういう結果になるんだな」と反省しながら帰ってきたのを覚えています。保護者から文書で出してくれという話もあったので、翌日、経緯や事実関係を確認して整理し、文書にまとめ、夕方からの保護者との面談に臨んだ結果、「うちの子も加担していたのですか」と理解も得られ、その後のいじめ問題の解決にこぎつけることができました。ある程度は時間がかかっても事実関係をしっかり把握してから動くことの大切さを学んだ事案でした。

マスコミへの対応

マスコミ対応では、校内の窓口の一本化は大切です。しかし、事前の教育委員会との打ち合わせはもっと大切です。校長が独断で進めてしまうと、後で取り返しがつかないことになります。事前打ち合わせを行っていれば、見解の不一致により記者などに追及されることはありません。マスコミ対応で注意しなければいけないことは、場当たり的に話すことです。想定問答も用意せず話せば収拾がつかなくなります。とりあえず時間稼ぎではありませんが、事実関係がはっきりするまでは「調査中」でしのぐしかありません。くれぐれも軽はずみな発言は控えるべきです。

記者の方々は先まで読んで質問してきますので、うかつに乗せられて話してしまうと取り返しがつかなくなります。しかし、被害者の保護者対応ではある程度事務的にはならず、謝罪とともに、場の雰囲気も踏まえながら誠意を持って話すことが大切です。あとは現在調査中であれば正直に伝えるとともに、今後の調査内容と進め方、さらに次の話し合いの日程を伝えることが大切です。ここでは相手の都合を聞いてからの調整になることを忘れないでください。

重大事故が一度報道されると、事故後に必ずと言ってよいほど記者会見が行われます。十分な準備をして臨むわけですが、ここ数年報道された事故後の学校や教育委員会による記者会見の中には、行き当たりばったりだなと感じる会見も見られます。準備が十分ではなく、さらに適切な言葉も選べておらず、ひやひやする記者会見もあったように思います。手順としては、事実関係を中心に事故原因から今後の対応に至るまで、相手（記者）の立場に立って質問を立て、それに適する答えを作成していくという流れです。この想定問答は、当事者である学校で、校長が中心となって作成するものです。できあがったら教育委員会へ送り、指導をもらうことが大切です。学校も教育委員会も事故対応窓口を設けなければならず、見解を一致させておくことは重要です。ですので、作成は早ければ早い方が気持ちが落ち着きます。取り込んでいる中でも校長自身で作られた方がよいでしょう。内容が頭に入っているのである程度は落ち着いて答弁ができると思います。

事故対応で絶対やってはいけないことがあります、職員の不祥事のケースですが、ある高等学校の不祥事の記者会見をテレビで見ていたら、「本人の将来があるので」と発言し、職員を擁護・弁明する答弁がありました。言ってはいけない発言です。もちろん、本人の日ごろの勤務状況については話してもよいでしょうが、話すことができるのはここまでです。体罰（傷害罪）、飲酒運転、わいせつ事件等、法に触れる事件を起こせば、当事者が懲戒となるのはほぼ確実で、守れる範囲を超えてしまっているため助けようがありません。事故直後の会見では、「事実関係を調査中」と言う以外はありませんし、警察発表や新聞報道に従う以外はありません。逆に、事実関係がはっきりしないうちにいろいろ話すと、新しい事実が分かってきたときに食い違いが出てきて、記者会見をさらに難しくしてしまいます。

事故や不祥事について校長としていろいろ説明したいところですが、ここは我慢です。

最後に常に校長が頭に入れておくことは、教育委員会との連携で進めていくということです。なぜかと言いますと、校長は最終的に責任が取れる立場にはありません。勝手に動いて解決の見通しがなくなった時や裁判になった時に、誰が責任を取れますか。ですから、教育委員会や関係機関との緊密な連携が必要になってきます。まずやらなければならないことは現場の対応です。被害者やその保護者への対応が最優先であることは言うまでもありません。そして、その動きを一部始終教育委員会に報告するのです。

学校現場は対応に追われながらも、教育委員会と緊密な連携を取らなければならないので大変です。学校に残す文書や教育委員会に報告する文書も、開示を前提に、内容や字句に正確さが求められます。そうこうしているうちに途中経過として記者会見やマスコミによる取材も出てきます。対応前には教育委員会とも事前打ち合わせを行い、想定問答にも目を通してもらってからの対応となります。準備ができていればある程度落ち着いて記者会見や電話対応もできるというものです。記者会見では矢継ぎ早に質問がきますので、これくらいの準備は最低限必要です。しっかり準備して臨めば、教育委員会も立ち会ってくれるので少しは落ち着いて乗り切れると思います。

想定問答例

下記のような想定問答を教育委員会と連携して準備を進めておくことが大切です。通常はマスコミから電話による問い合わせが多くなると思いますが、教育委員会と合同記者会見となれば、さらにしっかりした内容のものを準備すべきでしょう。これについても、教育委員会と内容を詰めておくことが大切です。なお、下記の問答は想定される質問のみとさせていただきます。

1　新聞記事の教諭逮捕は本当か。

・

2　この先生について詳しくお聞きしたい。

・

3　勤務状況はどうだったか。

・

4　授業をもっているクラスがあれば、今後どうするのか。

・

5　日頃職場で、記事内容に係わる話や行動は見られたか。

・

6　今後本人はどうなるのか。

・

7　子供たちへの説明は行ったのか。

・

8　保護者への説明は今後考えているのか。

・

9　今後の処分はどうなるのか。

・

10　社会的責任の重さをどう思っているか。

・

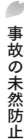

2　子どもの事故への対応

事故の未然防止

校長として事故は起きてほしくないと願うところですが、事故は起きます。ここで起きないようにする防止策が重要になってきますが、それでも起きる時は起きます。しかし、しっかりと未然防止策を講じながら、ある程度の緊張感を持って対応していれば、取り返しのつかないような事態にはなりません。たとえ起きたとしても、構えができているので対応が早くなり、適切に対処できるようになります。まさか起きないだろうと考えていると、迅速な対応ができず、事故そのものだけに終わらなくなってしまいます。予想される事故というものは、日ごろ学校現場に携わっている者はおおよそ見当がつきます。

例えば、小学校では、校内を走り回ることで物や人に衝突し事故が起きます。自損事故であればある程度本人の責任ですが、友達が絡んでくると厄介です。これも管理内になりますが、登下校時の道路への飛び出しによる交通事故もあります。二つとも小学生の落ち着きのなさからくる事故事案です。未然防止のお話としては、「校内は走らないこと」「道路へは飛び出さないこと」ですが、子どもたちへのお話をひと工夫すると、受け止め方が変わります。「皆さんの周りで、走り回っているお友達や飛び出したりしているお友達はいないでしょうね」と問いかけると、顔を見合わせたり、「○○ちゃんだ」と声が上がります。「これはとても危ないことなので、見かけたら先生に言ってね」と、お話を終えます。このようなことを繰り返しながら未然防止に努めることが大切です。中学校では、子ども同士のトラブルはもちろんのこと、体育の授業や部活動時の事故が多いです。体育の授業でも部活動でも、重大事故が起きやすい種目は決まっています。読者の方もお分かりのことと思いますので、各担当者に校長から一言かけることが大切です。

交通事故への対応

小・中学校を通して、事故で一番多いのが交通事故でしょう。朝の登校途中の交通事故を例にお話ししますと、まず、第一報が学校に入ります。一応、全職員が出勤していることを前提にしますと、校長は教頭以下関係職員を直ちに招集します。朝の一番忙しい時間帯でもありますし、子どもたちの登校後となると、担任も各教室で指導中のため、手の空いている職員も限られます。どこを押さえるかですが、陣頭指揮は当然校長となります。

事故現場の状況（ケガの程度）把握、搬送先の病院、保護者への連絡、教育委員会への電話での第一報、それぞれに適任者を配置し、瞬時に動いてもらうことになります。中学校は担任外の職員がある程度いますので対応は可能かと思いますが、小学校は手が足りませんので、養護教諭まで動いてもらうことになるでしょう。このような動きが基本的な対応パターンになります。いろいろなケースに当てはめながら、臨機応変に対応していくことが大切です。

校長はバタバタせずに、連絡待ちで時間があれば、委員会へ送付する事故報告書第一報の下準備くらいは行いたいものです。日ごろ時間がある時には、シミュレーションをしておくと意外と冷静に対応できるかもしれません。軽いケガくらいで済めばありがたいですが、事故処理が一段落した時点で、校長や担任等による見舞いも必要になってくるでしょう。事故に遭った児童生徒も担任の顔を見ると一安心するものです。校長のその後の仕事といえば、ＰＴＡ会長に一報を入れ、事故概況を伝えたり、事故の程度にもよりますが、警察署交通課や教育委員会にも顔を出して、その後の協力をお願いしてきましょう。そして、校内では再発防止策を講じるとともに、全職員への事故概況の報告と関係職員へねぎらいの言葉をかけることが大切です。

いじめや問題行動等への対応

校長を任されたなら、学校で一番気をつけなければならないことは「子どもたちの命」です。命に直結する問題は「いじめ」です。私は朝の職員打ち合わせ時に、職員には常に日ごろの観察の重要性を話していました。いじめやその他の問題の早期発見のために、定期的なアンケートや個別面談などを実施したりもしますが、教師と子どもの信頼関係がうまくいっていないと効果を発揮できません。したがって、いろいろ調査をやっているといっても結果として空回りしているケースが多く、大事なことが発見できなかったということになります。小学校では担任や教育サポーター、中学校では担任や教科担任、部活の顧問などが常に子どもに触れ合っていますので、変化に気づく目を養っておき、何か気づいたことがあったら情報を共有することが大切です。相談を受けるくらいの人間関係と信頼関係があれば、言うことはありません。逆に、いじめ以外の小さな問題がたくさん報告されている状況下の方が、全職員がある程度の緊張感を持ちながら指導に当たっているのでよいかと思います。一番だめなケースは、担当者による自己判断で、子どもや保護者から相談があったにもかかわらず、校長への報告を怠ることです。とにかく担任は自分で判断せず、どんな小さなことでも学年主任や生徒指導主事に相談する習慣をつけておくことが大切です。

日ごろの職員への話

職員朝会や職員会議での職員への話は、あれもこれもと欲張らないことです。すなわち「子どもをよく見てほしい、何か変だと思ったらどうしたのと聞いてほしい、そして子どもや親の話をよく聞いてほしい」と、これくらいで十分です。校長は話せば話すほど自分を安心させるだけで、先生方にとっては、確認事項が多すぎて、「さて何をやろうか」になってしまいます。ですから、取捨選択して、一つまたは二つにしぼって手短に話すことが大切です。言い足りないことは役割分担で他の職員に話してもらうことです。

何はともあれ、繰り返しになりますが、職員へのお願いは子どもに声をかけてもらうことです。連絡帳、交換日記、学級通信など、子どもとのコミュニケーションの手立てはいろいろありますが、信頼関係の観点からすれば、直接子どもに話しかけてほしいと伝えるべきです。また、せっかくの声かけも台なしになることもありますので、子どもや保護者との言葉のやり取りは丁寧にと、職員に常日ごろから念を押しておくこともお忘れなく。

そして、校長は職員向けに話した内容をダイアリー等に書き留めておくといいです。話に計画性が出てきて、次年度にもつながります。

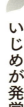

いじめが発覚したら

いじめが発覚したら早急に事実関係の把握に努めなければなりません。持ち物関係へのいたずら、集団での周到な無視、ネットやスマホによる誹謗中傷等々、事案は限りがありません。そして陰湿です。まず発見したら、全職員で本人を守り抜く姿勢が大切です。被害者への対応を最優先し、保護者とも連携して、登校ができていれば職員を配置して、最善のサポート、登下校も併せての見守り体制、登校できていなければ、本人からの聞き取り等を行わなければなりません。さらに保護者へ今後の対応について理解を求め、学校では同時に、事実関係の確認、教育委員会への一報、関係する子どもへの聞き取りなどを進めていくことが学校には求められます。このような対応の中で校長は職員を的確に配置し、情報収集とさらなる対応を考えなければなりません。

このようにお話しすると大変だと思いますが、教育委員会や校長会の先輩方のアドバイスもいただきながら、最善の策を考えて陣頭指揮を執りましょう。「全職員でこの子を守り抜く」という意気込みがあれば、校長が意図する対応策以上の対応措置が施され、解決につながることでしょう。

様々ないじめと対応

無視されるケースは、本人にとって、本当につらい学校生活であろうと思います。今まで自分についていた友人もだんだん自分から離れていってしまい、気がついた時には自分一人といったケースです。担任だけの注意くらいでいじめが止まればいいのですが、ほとんどのケースで、いじめは止まらず、逆にエスカレートしたケースもあるようです。

暴力行為が続いているケース、金品が巻き上げられるケースでは、グループから切り離し、常に教員を張りつけたり、ある時は保護者についてもらったりすることが考えられます。このようなケースでは実害が発生していますので、教育委員会や警察と連携して進めるべきです。それでなくとも、学校現場でいじめが起きた際は保護者の学校に対する信頼も薄れていますので、関係機関とも連携して進めていることを保護者に伝えることが大切です。

他のケースでは、手紙が入れられるケース、学用品（持ち物）を隠されたり、壊されたりするケース、インターネットに誹謗中傷を書き込まれるケースなどがあります。発見に当たっては、職員が発見するケース、友達が訴えてくるケース、本人自らが訴えてくるケースがあります。いずれにせよ大切なことは、その後の事実関係の調べが一段落するまで二次被害が起きないようにすることと、全職員で被害者を守り抜くんだという姿勢が大切です。つまり、事実関係の調査中に、二度、三度と同じようなことが起きると、保護者から「学校は何やってるんだ」と怒りの矛先が学校にも向けられ、ついには信頼も失ってしまいます。そうならないために、朝の下駄箱や教室の机周りなどに常に目を光らせていなければなりません。そうして調べを進める中で、関与が疑われる子どもへの聞き取りや調査は、個々の人権にも配慮しながら慎重に行うべきだと考えます。

いじめ撲滅に向けて

今日、いじめは学校現場で大きな問題の一つになっています。どうしても自殺ということが頭をよぎります。校長は、いじめが起きているという認識の下で日々の指導に当たっていく姿勢が大切です。まさか本校でいじめが起きているとは、などの考えでは後の対応が後手に回るのは明らかです。私の母校の市内の中学校では、「いじめ撲滅隊」を結成し、生徒自らが先頭に立って頑張っている中学校があります。市の教育振興大会で取り上げられ、取り組みの発表がありましたが、この取り組みならいじめは起きないだろう、起きても早期の対応につながるだろうと確信するくらいの実践例でした。私が中学校の校長であったとしたら、ここまでできたかどうか自信はありません。かつて、私がある中学校で生徒指導主事を担当した時、その学校では「校則見直し委員会」というものがあり、生徒会の一組織として活動していました。当然、私が担当ということで、最初はいやなものを引き受けてしまったなというのが正直なところでしたが、生徒たちと取り組んでいるうちに面白みを感じ、その年の全校生徒による校則見直し委員会を無事乗り切ったという経験があります。今、振り返ってみますと、生徒指導で躍起になって、注意だの指導だのと走りまわっても成果が上がらないことが多いわけですが、ある程度生徒に任せた分、その余力を生徒たちとの触れ合いの時間に回せたのかと思います。

どちらの実践例も子どもたちにある程度任せることの大切さを学んだ事案です。しかし、生徒指導等の問題で毎日その対応に追われている学校では厳しいかなと思います。どちらの実践例も子どもたちに考えさせ話し合わせるためには、職員も時間を割かなければなりませんから。

不登校への対応

不登校の問題については、簡単に片付くものなど、ほとんどないと考えた方がよいでしょう。それくらい難しい課題で、対処も一様にはいかないのも事実です。また、いろんな要因が重なり合って不登校に至っていることも事実です。友人関係、勉強への怠学、いじめ、本人自身の問題、家庭環境などが考えられます。早期に対応できれば解決の道が開けることが多いですが、長引くと解決が困難になるケースが多いようです。要因が特定できると解決は早いと思います。

新任校長で赴任すると、すでに不登校児童生徒がいるケースがあります。基本は担任を中心とした家庭訪問ですが、コンタクトの取れる職員がいると助かります。また、教育相談員やスクールカウンセラーが関われれば大きな力となります。そしてあらゆる手を尽くすことが大事ですし、学校の本気度により、解決への道が開けます。本人への関わりはもちろんのこと、親との話し合いも重要です。家庭の様子もつかむことができ、学校への要望も把握することができます。できることはすぐに実行に移すことです。特に、目に見えるものから手をつけていくことにより、本人や保護者も、学校は本気だな、自分の存在を認めてくれているなと気づいてくれるようになります。また、長期になればなるほど、友人はもちろん、多くの人が見守っているという環境づくりが大切です。段階的な登校にもっていったり、母親ばかりでなく父親の力も借りることも時には必要です。校長はとにかく先頭に立って、頑張っている担任や関係職員を励まし、自らも家庭訪問に同行するなど保護者との連携強化を図り、本人が登校しやすい環境づくりに校長自身も一役買うことが大切です。

問題行動への対応

小・中学校ともに問題行動の程度の違いはあるものの、指導や対応は大変です。学校長会議を見ても、会議の最後に行う小中学校部会（各校間の情報交換会）では、中学校が会議時間内に収まりきれず、常に時間オーバーしていたように思います。この情報交換をみてもその大変さがわかります。ここではたくさんの事案があり、対応も異なってきますので、すべてに触れることはご勘弁をいただきます。単独で問題を起こすケース、グループで問題を起こすケース、小・中学校ともに他校と問題を起こすケース、卒業生とつるんで問題を起こすケースなどと、さらに様々な事案が出てくるわけですから、考えただけでも頭が痛くなります。そしてその都度、校内外の様々な問題行動に振り回されながら対処しているのが現状です。まずは問題を起こしている児童生徒とどのように向き合うか、関係づくりができるかにかかっていると思います。校長としては担当者の対応のまずさや足りない点に目が行きがちですが、担当者には本気で事に当たってもらわなければなりませんので、やる気が出るような支援やアドバイスをしてあげなければなりません。校長も収束を焦ることなく、状況の変化を的確に把握しながら、担当者や関係職員と協議を重ね、一緒に対応していく姿勢が大切です。実効性のある対応策を指し示すという点で、校長の存在は非常に大きいと思います。

トラブルへの対応

小学校では、些細なことからのトラブルが多く、ケガもつきものです。また、いじめまでいかないまでも、後ろから押したとか、ものを投げたら当たったなどのケースも多いです。中学校になると、件数こそ少なくなるものの、ケガの度合いは大きくなる傾向にあります。このような場合は、まずは現場での対応を最優先し、すぐに職員室まで連絡が入るようにしておくことが大切です。

小・中学校ともに、ケガへの対応が遅れるケースが多く、子どもの下校後に保護者からの電話で把握したとなると最悪です。ここが早急に対応できていれば、問題はそんなに大きくはなりません。加害者あってのケガであれば、ケガの治療を最優先し、事実関係を確認しながら、さらなる対応を考えればいいですし、本人による単独のケガであれば事故状況と管理責任が問われるくらいです。加害者がある場合は、謝罪ということも念頭に入れておかなければなりません。ケガの程度にもよりますが、保護者だけに任せたばかりにこじれたというケースもあるようです。できる限り学校も入ると円満に解決が図れるようです。

ケガ対応にも万全を

子どものケガへの対応になりますが、応急処置をした場合、首から上のケガは必ず病院で診てもらうことが基本です。診察してもらって何でもなければ「よかったね」で終わりますし、骨折等の場合は、「早く病院へ連れて行ってもらって助かりました」と保護者から言われます。たとえかかりつけの病院でなくても、病院へ行ったことで後々まで「対応が悪かった」と責められることはありません。

学校が落ち着かなくなると、事件や事故の発生は多くなります。施設関係の工事との関連も見逃せません。子どもたちは工事等の学習環境の変化に敏感で、事故が増加傾向にあるのも事実です。落ち着いた生活をするための生活目標やスローガンなどを掲げ、言い聞かせながら生活させることが大切です。もし事故が起きたら校長は事故の要因を突き止め、再発防止策を打つことも大事な仕事です。できることなら未然防止策といきたいところですが。生徒指導上の問題も一つ起こると、連鎖反応からか次から次へと起こります。しまいには事後処理のために学校に来ているのかと錯覚するくらいに忙しくなります。そのような時、校長は職員を指導するばかりでなく、温かく見守る余裕も時には必要です。

食物アレルギーに要注意

近年、食物アレルギーのお子さんが増えているように感じます。就学指導時に情報をキャッチし、入学前に打ち合わせをしておくと、ある程度入学後のサポートがしやすくなります。打ち合わせに当たっては、管理職、養護教諭、保健主事、1学年担当者などが入って綿密に打ち合わせを行うことです。そして、4月早々に行われる、身体面で配慮の必要なお子さんの情報交換会で基本的な対応を全職員で確認しておくことが大切です。校長としては子どもの命を預かっているということを常に意識して対応すべきと考えます。

食物アレルギーの場合、緊急時のためのエピペン使用を許可してもらう必要があります。使用者として教員も認められていますので、第三者が打つことも想定しておかなければなりません。関係者との打ち合わせで分かったことは、子どもにアレルギー反応が出てきたり、誤って食べてしまったことが分かった時点で飲み薬を服用できれば、初期対応としては十分とのことです。これを逃した場合は、顔やのどなどが腫れてしまい、薬の服用が困難になるので、即エピペン使用に踏み切るべきとのことです。この時点で救急車の手配もしておく必要があります。このようなお子さんの場合は、かかりつけの医者も把握しておき、救急隊の方に事情をすぐに伝えられるようにしておきましょう。その前には保護者への緊急連絡は言うまでもないことです。とにかくぬかりなく。指揮監督は校長・教頭です。

養護教諭の役割の重要性

子どものケガで真っ先に専門性を生かし、初期対応をしてくれるのが養護教諭です。私の場合は、ケガや感染症への対応では養護教諭にとてもよくやっていただきました。特に子どものケガでは、現場対応を真っ先に行わなければなりません。初期対応とも言いますが、治療から病院の手配、さらには保護者への連絡と大変です。子ども本人の体調不良ならともかく、加害者がいるケガとなると話は別です。担任がケガに至った理由を子どもたちに聞く前に養護教諭がすでに把握していることもあります。本当に助かります。日ごろから子どもたちへの関わりが深く、子ども一人一人との人間関係ができているからだと思います。

また、校内で感染症などの兆候が見られると養護教諭は大忙しです。しかし、職員をリードし、拡散を防ぐためにあらゆる手段で対応に当たってくれる姿には感謝、感謝です。養護教諭の仕事内容は専門性が高く、頼るほかありません。終息後は校長自らねぎらいの言葉をかけることが大切です。

感染症への対応

感染症への対応措置でも養護教諭の力は大きいです。冬季期間中のインフルエンザ、ノロウイルス、O157、溶連菌などは代表的なものです。これらは子どもの命にかかわるので、一刻の猶予もありません。校内で直ちに対策会議を持つわけですが、中心的な役割を果たすのが養護教諭です。それぞれの感染症は対応の違いはあるものの、発症者や保護者との連携はもちろん、教室や関連施設等の消毒、学校医からの助言指導、教育委員会への通報、学級閉鎖措置、全家庭への注意喚起とこれだけでも大変です。これに保健所が加わってくれば、さらに大変です。新任校長としてやるべきことは、教育委員会への経過報告、PTA会長への状況報告、市の校長会長への一報と手を緩める暇はありません。しかし、常に子どもの命を中心に考えて対応策を講じていけば、終息という結果は必ずついてきます。落ち着いて対応していきましょう。これくらい校長が先頭に立って対応していれば、たとえ一つくらい見落としがあろうとも、周りの職員が気づいて教えてくれるものです。安心してください。

事故関係でのメモの大切さ

特に大事にしたいのが学校日誌です。私の在任中は、教頭が1日の主な出来事も学校日誌に記入していました。どういうことかと申しますと、校内で起きた事故や子どもの問題等をメモ程度に記入していました。のちに関連の事故や問題が起こった時、さかのぼっての確認が容易でした。

新任校長として事故時にやるべきことと言えば、自らもメモ帳やダイアリーにメモを取ることです。これは事故報告書の作成時に大変役立ちます。校長になったら習慣づけましょう。これは頭では分かっていることですが、校長は緊急時に校内の事故対応を行いながら教育委員会や関係諸機関と頻繁に連絡を取り合わなければなりません。メモなど取れない状況の時は、生徒指導主事や一人の職員を窓口にして、今起きていることや対応していることを時系列でメモさせておくと後で役に立ちます。携帯電話では通話履歴が残りますので、連絡先と通話時刻が後から確認できます。本当に便利です。

緊急時は校長も気が動転していることがありますので、一段落した時、いつ、どこで、だれが、何を、なぜ、の５Ｗが思い出せなくては、正確な報告書は作成できません。メモを取ることを日ごろから心がけましょう。

情報提供への対応

保護者や地域の方からの情報提供に対しては、即行動を起こすことが大切です。そして、事後の対応としては、匿名は除きますが、通常は連絡をくださった方に結果の報告とお礼の電話を入れましょう。もちろん対応に時間がかかる場合には、途中経過も伝えるといいですね。学校の近所の方でしたら伺って報告するくらいは必要です。連絡を受けただけで終わってしまうことがありますが、最後までしっかり対応しましょう。「この学校はだめなんだよ、この前子どもたちがケンカしてたから学校に電話したんだが、あとは何も連絡なし……」。これでは次の通報は来ないと思います。校長として、通報された子どものトラブルを解決することはもちろん大事ですが、通報してくださった保護者や地域の方への丁寧な対応も校長の仕事といえます。このような校長によるきめ細やかな対応が、やがては校外における事故の未然防止につながっていきます。

3 職員の事故や不祥事等への対応

起こりうる事故と不祥事

校長として、どんな事故が過去に起きているか、起きやすいかくらいは頭に入れておきたいものです。これまでも述べましたが、交通事故、飲酒運転、体罰、セクハラ、パワハラ、わいせつ、個人情報の漏洩（盗難被害）、公金横領などの撲滅運動は大掛かりにやってはいますが、続いてしまっているのが現状です。教職員は子どもに善悪の判断や法律を守ることを指導する立場にあり、重々分かっているはずなのですが、やってしまうんですね。これらの不祥事により一度失った信頼を取り戻すには大変な時間と労力が必要です。とにかく校長は事故防止を言い続けなければなりません。これも年中言っていると管理的になり、職場の雰囲気までも悪化させてしまいます。日常の職員の様子を見ながら、心配なことがあればすぐに情報を集めることです。気になることがあれば、職員を信頼しつつも目を光らせておくことは必要です。そして、事件事故は忘れかけた頃にやって来るのではなく、すぐにやって来ることをお忘れなく。

交通事故への対応

職員で最も多い事故が交通事故です。出退勤に自家用車を使うとどうしても起こるリスクが高まります。物損事故ならまだしも、人身事故となると大変です。校長としても人身事故対応でのシミュレーションくらいは考えておく必要はあるでしょう。職員にも何かあったら、勤務時間内外にかかわらず速やかに校長に電話をするということを徹底しておくとよいです。数日遅れで職員から報告を受けるとその事実を事故報告書に記載せざるを得なく、事故原因を巡ってもめていればさらに厄介です。何倍もの労力が必要となります。

職員が加害者となった人身事故については、特に慎重な対応が求められます。ケガ人が出たら人命救助最優先で事に当たることを日ごろから職員にも話しておくことです。原因究明はそのあとでも間に合います。よく新任校長や教頭は、事故原因や状況に頭がいってしまい、現場対応最優先ではなく事故報告優先になりがちなので注意したいものです。そして、救急車を手配することや警察などへの通報は現場で真っ先に行うよう、教頭をはじめ職員に日ごろから指導しておくことが大切です。校長が出張等で留守の時も同様の対応ができるようになります。大事故も頭をよぎりますが、交通規則遵守を徹底すれば、そうはならないとを付け加えさせていただきます。

不祥事はなぜ繰り返す

新任校長としては、まさか自分の学校で子どもや職員の事件・事故や不祥事などは起きないだろうと思っているはずです。現実に起きたらと思うと本当に心配です。しかし、予想される事案やその兆候・原因、校長の対応事例等が少しでも分かっていると、気持ちの面で落ち着きます。では、予想される事案や対応をどれくらい知っているかとなると、ほとんど分からないのが現状でしょう。私はこの部分を払拭する役割を担っているのが校長会や教育委員会であると考えます。

しかし、校長会の会議や研修会では、過去の事例研究や現実に起きている事案の報告等は少ないため、いつしか忘れ去られ、過去の教訓が生かされない状況にあります。私が所属する校長会の小学校部会では、私が率先して自校で抱えている子どもの問題を提起し、話し合いを行ったため、他の部員からも積極的に事案が報告され、親身に話し合いがなされました。中学校部会も同様に、さらに突っ込んだ話し合いがなされたようです。学校長会議や研修会の持ち方としては、今まで申し上げた内容ばかりとはいきませんが、時間の許す限り情報交換をすべきと考えます。これが無理であれば、新任校長だけでも、様々な事案に詳しい方をお呼びして勉強会を開くのも一つの手かと思います。いずれにせよ校長にこのような姿勢が出てくれれば大きな事件事故や不祥事は減らせるものと確信します。

不祥事に対する防止策

はっきり言って不祥事への防止策などありません。毎年、毎月、教職員（講師を含む）による不祥事は後を絶ちません。教職員の全体の数からはほんの一握りかもしれませんが、信用失墜という観点からするととんでもない行為です。そして、月末になると教員も含めた公務員の不祥事が新聞の記事になります。例えば体罰、飲酒運転、セクハラ、さらにはわいせつ、公金横領と続きます。防止策と言えるかどうかは分かりませんが、今からできることを挙げるとすると、私は三つあると思います。一つ目は職員間の信頼関係、二つ目は日常のチェック体制、三つ目はすべて犯罪であることをよく指導することです。突発的なものから長期にわたり犯罪を犯しているものまで様々です。体罰一つをとってみても、教員は相変わらず「愛の鞭」などと自己判断、自己弁護で軽い気持ちでやっているものと思いますが、はっきり言ってあげた方がいいです。体罰はケガを負わせれば「傷害罪」という犯罪であることをよく認識させることです。体罰をやってしまう教員は指導にそれしか持ち合わせがないということです。かつてよく家庭訪問をすると、「悪いことをしたら叩いてください」などと言う親がいましたが、親も可愛がってきて、親にも叩かれたことのない子どもを叩いてケガまでさせたらどうなりますか？　体罰関係では、指導の未熟さとともに、心に響く指導とは何かを職員には考えさせたいものです。

不祥事関連の処分

教職員の人事権は県教育委員会にあり、服務監督権は市教育委員会にあります。したがって、県教委から辞令をもらっている非常勤講師の場合でも、最終的な処分は当然県教委が行うことになります。県教委へ市教委から事故報告書が提出されると県教委による当事者への面談（事情聴取）などが行われるのはこのためです。市教委はあくまでも服務監督権の範囲の中での指導ということになりますので、訓告までです。つまり、県教委では懲戒・戒告、市教委では厳重注意や口頭・文書による訓告等になります。校長は、職員の指導を怠った監督不行き届きとして処分はされますので覚悟を！　本当ですよ。

受験シーズンは要注意

中学校では、12月の声を聞くと子どもたちは受験シーズンに突入します。校長として私立高校や公立高校の合格者数は気になるところですが、最も気をつけなければならないことは受験手続き上でのミスです。一つ目は、学校の諸事情や教師の指導上の問題で未履修があった場合です。二つめは、受験校への願書の提出漏れです。もちろん担任が生徒の受験希望を忘れるケースも含まれます。三つ目は、成績の記入ミスです。内容は、評定の算出ミスと、生徒間の成績取り違え等があります。どれをとっても取り返しがつかないことばかりです。子どもに不利益が生じることと、一生に一度の受験での精神的ダメージがつきまとうからです。いずれも、ミスの原因は職員同士が複数のチェックを怠ったり、願書提出など保護者に対応させるべきところを学校で抱えすぎて失敗するケースです。蛇足になりますが、学校側で願書を提出した場合、直ちに受験者本人に受験番号を確認させることを怠ったりするケースもあります。3学年主任や進路指導主事はベテラン職員を配置するわけですが、人がやることですからミスはつきものです。しかし、そこを補うのがチームワークと複数回にわたるチェック体制です。校長として「あれはどうなっている」と年中尋ねていたのでは職員からも嫌がられてしまいますが、ここぞというポイントだけは、しっかり押さえ、必要と感じたなら確認すべきです。職員がミスしても最終的な責任者は校長となりますので、転ばぬ先の杖と言ったところでしょうか。

第4章

資質向上と日ごろの対応策

1 学校訪問指導等への対応

教育事務所長や教育長の来訪

教育事務所長や教育長訪問となると、何か不備な点を指摘されてはと心配するのが普通です。また、新任校長として赴任したばかりで、校長の経営方針が隅々まで行き届いているかということも気になるところです。ですから、あまり考えすぎず、緊張せずに対応した方がよいと思います。これからやりたいこと、やろうとしていることを明確にしておくことが大切です。心配するくらいの時間があったら、訪問受け入れ準備に抜けがないかや担当者ごとの説明内容の打ち合わせを綿密に行いましょう。職員は自分のことで精一杯で、周りに目が行き届かなくなっているからです。児童生徒の安全面や職員の労務管理、さらには施設の安全管理で抜けがないかを確認すると感謝されると思いますし、気がつかなかったところを指摘すれば、「今度の校長はすごい」と印象が変わると思います。

それでは、訪問指導時にどのような対応が望ましいのか考えてみたいと思います。校長は学校経営に対する考えをしっかり持てているか、そして職員にその考えが浸透しつつあるか、また、子どもの日常生活に成果が現れてきているかなどが重要です。教育事務所長や教育長は各クラス２～３分くらい見ると職員や子どもたちの様子は分かります。このような学校訪問時には、新任の校長・教頭は質問されることがありますので、学校の内情をある程度は頭に入れておきましょう。

私が訪問時に心がけていたことは、各教室あたり２～３分の訪問になりますが、板書構成の入った略案（指導案）を必ず作るようにしていました。また、作成に当たっては、指導者の欄にサポーターや支援講師、ＴＴ指導者などの名前を連名で記入させていました。意図はお分かりになると思います。そして、このような取り組みは今ではどこの学校でも行っていることですが、「この取り組みは私（校長）がやらせています」などと説明していたら、校長のレベルは低いと判断した方がよいです。やることはすべて「職員の手柄」でいいのです。訪問時の雑談の中で、「今日のこの取り組みいいですね」と褒められたら、「いいや、教頭や教務主任がリーダーシップを発揮して、職員も協力してやってくれているんですよ」くらいでいいのです。

また、よく三役が元気な割には、先生方の元気はどうなのかといったケースもあります。とにかく、訪問を受ける側として大切なことは、子どもたちや先生方が元気で生き生きして、先生の指導も自信にあふれていれば最高です。子どもも先生も元気があること、挨拶ができることなどで十分で、あまり学校訪問を難しく考えないことです。

指導主事の来訪

指導主事による学校訪問は、研究課題の解明と教員の指導力の向上を目指した訪問です。教頭、教務主任、研究主任が窓口となり、中心となって対応します。校長は普段から研究部に関わっていますので、訪問を受けるからといって何か特に具体的な指示を出すことはないと思います。つまり、校長の考えの下、研究目標や研究計画に基づいて各専門部が中心となって取り組むことが前提となります。やはり校長が分かりやすい方針や方向性を示していると、部員も動きやすくなり、研究意欲の向上につながることは間違いありません。私の場合は、繰り返しになりますが、「夢を育む感動体験」一本で進めました。いかなる場面でも話すことは同じ、ブレようがなく、細かくもなくというのがよかったのかもしれません。校長があまりごちゃごちゃした経営方針を出して、くどくど説明するやり方は自己満足に過ぎません。プロ意識を持ってやっている職員ですから、一言指示すれば動いてくれるものです。職員の動きがもう一つと感じる方は、職員のせいではなく、ご自分の指示や説明が不十分であるということです。

また、指導主事の訪問時に気をつけなければならないことがあります。休み時間ごとに話をする校長がいますが、指導主事側からすると、「校長もご自分の仕事をしていていいですよ」と言いたくなるのではないでしょうか。私は職員室で執務を取っていることが多かったです。研究の進捗状況は、職員や子どもの様子を見れば一目瞭然という考えでしたので、職員を信じて任せていました。校長として、研究部の取り組みで気になるところがあれば、この休み時間に指導主事に話しておくと、校長の意を酌んで指導助言をしてくれます。

訪問指導への校内対応

学校訪問指導は、市教育委員会や教育事務所が年間を通じて計画的に行っています。年度当初の経営方針や具体策の進捗状況把握と指導助言が訪問の目的です。校長の説明が盛りだくさんであれば話も長くなり、的が絞りづらくなります。しかし、シンプルであれば、校長としての筋の通った話が可能となります。もちろん、教頭や教務主任も自分の分担の中で具体的にデータも踏まえて説明していきます。私の場合は、自分も含めて訪問前日は説明内容と説明時間の確認をしていました。教育事務所の先生方は説明の中で何に注目しているかといえば、要旨を押さえた話の内容と適切な時間を見ているのです。ですから、本校の取り組み内容の中身の打ち合わせを、教頭、教務主任、生徒指導主事等で念入りにやっておくべきです。部下の説明が適切、質問への受け応えも適切となれば、本人たちはもちろん、校長としても嬉しいものです。また、来訪者の出迎え方の練習などもやらない方がよいとは言いませんが、それほど力を入れる必要がないということです。訪問指導でやっておかなければならないことは、校舎内外の学習環境づくりでしょう。どんな説明をしても、子どもたちの挨拶の声が小さかったり、作品が壁から外れていたり、作品にコメントがなかったりでは、元も子もありません。日ごろの取り組みそのものが見られますので、ぬかりなく。

2 職員への日ごろの対応

超過勤務への対処

勤務時間については、子ども相手のため、勤務時間内に収まりにくいのが現状です。職員は子どもたちの登校に合わせて出勤が早くなり、子どもたちの下校後に職員間の打ち合わせ、翌日の授業準備、作品の評価事務、会計事務等と数えきれないほどの仕事があるため退勤時刻が遅くなります。さらに、休業日には地域や教育関係各種団体の諸行事への参加や子どもの引率、中学校では部活動と、超過勤務は避けられない状況にあります。そこで、時間外勤務時間の振替は原則週単位となっていますが、高等学校のように副担任などが配置されない小・中学校ではまず難しいです。そうなると、その振替日をどうするかということになりますが、起算日から8週間後を加味し、長期休業日などにまとめて取ってもらうようにならざるを得ません。

とにかく学校というところは子どもたちがいる間は子どもにかかりきりになるので、仕事ができないところです。それを管理職が「水曜日は定時で帰れ」とか「早く帰るように」などと言っても、結局は仕事を持ち帰ってやっているのが現状です。校長は職員の超過勤務の実態を把握し改善策を考え、職員の頑張りに感謝しながら寄り添う姿勢が大切です。

職員を守るとは

子どもへの行き過ぎた指導で、当該教諭に校長が同行して謝罪に行ったが、当該教諭の謝罪の気持ちが相手に通じず、逆に傷口が広がってしまったという話はよく聞きます。校長が前面に出て収めるといったやり方ですが、これこそやりがちなことで誤った守り方なのです。最終的に加害者として反省の意を伝えられるのは当該教諭以外の誰でもありません。本人が正直に事実関係を伝え、最大限の謝罪の言葉を述べ、反省の態度も示すということが大切です。そうすることにより、初めて誠意が伝わります。

また、体罰でケガを負わせるなど法に触れるようなことをやってしまい、被害者がいる場合には、速やかに市教育委員会や県教育委員会に報告し、指導を仰ぐとともに適正な処分を下してもらいましょう。そして、被害者の保護者にも、処分が下されたことを伝えて許してもらうことです。許していただくことで当該教諭の現場復帰も見えてきます。校長がそこの判断を誤り、本人を守ろうと市教育委員会への報告を怠ったりすると、追加の処分ではありませんが、2人とも通常以上の重い処分が下されることもあります。職員を助けようとした校長の誤った判断が当該職員にも迷惑をかける結果となります。市教育委員会ができるのは訓告まで、懲戒レベルとなると人事権を持っている県教育委員会になります。大事にならないことを祈るばかりです。

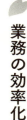

業務の効率化

教育界での労働時間の問題は、永遠の課題と言えるでしょう。すなわち、よくやりたいと思うと切りがないのがこの仕事です。ただ人をたくさん入れて負担軽減を図ることも一つの策かと思いますが、最終的には業務の効率化と負担軽減を図ることくらいしかありません。なぜなら、担任の仕事を例にとると、他の職員には任せられない業務が多々あるからです。本当に出口の見えない課題と言えるでしょう。このところ改善策の一つとして、職員の増員が行われており成果も出てきていますが、配置予算も関係してきますので、やみくもに職員を増やすことは不可能と思われます。

学校の要ともいえる教頭職を振り返ってみても、早朝からの仕事がたくさん入っています。気がつけば出勤は午前7時前（控え目ですが）、駐車場から一回りしてから校舎の中へ入り、施錠解除を行い、関係教室等の鍵開けなどを行い、職員が出勤してくれば戦闘モードに入ります。関係機関への報告、学校内部の事務処理などと雑用も多くなります。あっという間に給食も終わり、午後の部へ。そうこうしているうちに子どもたちが下校し、職員が退勤し、一段落して気がつけば、午後の8時や9時を回っています。市教育研究会や市校長会等の事務局を引き受けたならこの限りではありません。ご想像にお任せします。現実には「月100時間を超えないように」というかけ声は絵に描いた餅にすぎません。かといって、この問題を放置しておくわけにはいきません。国をあげていろいろな対策が検討されているのは周知のとおりです。ところで、こうして頑張った先にあるものは何でしょうか。それは職員や子どもたちや保護者の喜ぶ顔です。実際によい仕事をしようと頑張っている管理職は、この程度の勤務は皆さん行っています。残業手当などもちろんありませんし、職員も残業手当などありません。すべて子どものためなのです。そのことはやはりお伝えしておかなければなりません。

職員の評価

頑張っている職員ほど自分に厳しい評価をする傾向にあります。都道府県によっては人事考課制度を早く導入した都県や茨城県のように、移行期には従来型の教職員勤務評定制度と新人事評価制度（自己申告書型）の2本立てで実施していた県もあります。現在、茨城県では「教員一人一人の資質と能力の向上」「学校としての組織の活性化と教育力の向上」の二つを教員評価の目的に一本化して実施しているようです。いずれにせよ、教員評価に向けては、校長として日ごろから職員の取り組みをよく見ておくことです。そして職員の素晴らしい取り組みや頑張りに対しては、「good job!」と、個別に褒め言葉をかけることが大切です。

私の場合は、教頭を含む三役がいろいろと気づいた職員の頑張りを伝えてくれたので、学校を空けることの多い定年退職の年も乗り切れました。教頭を含む三役も多分、このような校長のサポートをしながら、職員を見る目、見抜く目を養うことができたのではないでしょうか。現在実施されている教員評価は給与の査定にも影響しますので、職員との面談も今まで以上に慎重を期さなければなりません。民間企業では当たり前に行われていることですが、このような評価経験の少ない校長としては大変な時期に入ってきたと言えます。

人事異動で知っておきたいこと

人事異動は、市町村間、学校間で優秀な人材の取り合いになっているのが現状です。つまり、校長が意図する学校経営の推進には、組織として優秀な人材の配置が不可欠だからです。優秀な人材を配置したいという願いはどの校長も持っているわけですが、現状はかなり厳しい状況です。茨城県では採用段階から小・中学校の人事交流を前提に採用を行っています。私たちの採用の頃は、中学校採用にもかかわらず、小学校の免許がない場合は小学校に講師として赴任させ、小学校の免許を取らせて、その後中学校に異動させるというやり方でした。しかし、小学校向きの先生は、どんなに手を尽くしても中学校の免許すら取らないため、中学校への異動の妨げとなっていました。最近は条件付きでの採用も多くなってきたようですが、現場では必要とする人材が集まりません。特に中学校の教科枠に対しては教員が埋まりません。それでは何で補うかということになりますが、欠員補充という手です。過去に新聞で報道されたこともありますが、ここが大問題です。市町村教育委員会では、欠員補充やその他の非常勤講師を集めるのに大変苦労しています。そして、経験豊富な講師がもっともっと合格すればと感じているのは私だけではないと思います。社会は少子化が進み、関東各都県とも教員採用試験の受験倍率が下がってきています。そこにきて定年退職者がピークを迎え、大量退職者の数に対して少なくなりつつある受験者数の中から優秀な人材の確保は厳しいといえます。子どもが好きで、一生続ける仕事としては、教師は最高の仕事だと思います。県教育委員会レベルで優秀な人材確保と適正配置に努めてほしいと切に願う次第です。

人事に関わる職員面談

人事異動は、人事権を持っている県教育委員会が行います。辞令交付式で授与される辞令の交付者が県教育委員会になっているのもこのためです。非常勤講師（臨時的任用職員）の採用も、辞令の出どころは県教育委員会となっています。

この人事異動で校長として細心の注意を払わなければならないのが職員との面談です。人の一生を左右する人事異動は、校長の大きな仕事です。それだけに異動や退職予定者については慎重かつ丁寧に対応する必要があります。やはり、本人との面談内容は、日時をつけてメモとして残すことです。後から言った、言わないなど、話が変わってしまうことがありますので、一人一人に対して時系列で残しておくと問題が起きないと思います。あと、あまり人事面談（市教委）の経過を本人に報告しすぎると期待を持たれてしまいますのでご注意ください。人事異動が本格化するのは、11月頃に行われる学校長対象の県の人事異動方針説明会が終わってからとなります。それから校内で実施する異動希望調査に基づいて職員一人一人（市職員や臨時職員も含めて全職員）と面談をしていきます。定年退職者については、再任用などの考えがあるか、中途退職者については、今後の身の振り方、臨時的任用職員は継続か他校への転勤か、異動対象者を中心に希望を聞きながら進めます。このように見てくると人事というのは校長にとって本当に大仕事だと感じます。

校長として最も気をつけなければならないことは、年明けの人事異動終盤に差しかかった頃、異動者の気が変わるケースです。また、内示発表日に意に反した地区や学校だとごねられるケースもなきにしもあらずです。校長は異動対象者と市教育委員会との間に入って、そのよき橋渡しをしっかり行うことが職務と言えます。

指導力に課題のある教員の指導

指導力に課題のある教員は年齢に関係なくいます。子どもたちから「教え方が分からない」とか、保護者から「担当者を替えてくれ」と言われた時には、すでに手遅れとしか言いようがありません。そうなる前に情報をキャッチして手が打てれば何とかなるものです。しかし、校内での指導やバックアップ体制で改善されればよいですが、そもそも人間関係がうまくいっていなければ、対応は難しくなります。結局、小学校では担任が学級すべてを取り仕切っていますので、副担任や補助員（ティーム・ティーチング）をつけなければ乗り切ることは不可能です。そうかといって補充する教員がいるわけではないので、校内における教員のやりくりが大変です。また、対応が遅れると学級崩壊までいってしまい、手の打ちようがなくなります。こうなると人を付けたくらいでは収まらなくなり、対応すべてが後手に回り、子どもや保護者からの信頼を一気に失うことになります。

校内での指導により改善が図れるケースはまだしも、手に負えないケースも出てきます。新任校長の場合、当該教員が年齢的に上というケースもありますので、指導がさらに難しくなります。校内での指導も続けながら市教育委員会と連携して指導に当たることも一つの策です。もちろん、校内の状況は常に市教育委員会に報告しておくことは大切ですがね。このように、今できる最善策を考えて対応することこそが校長の仕事と言えます。

学区内での事件事故発生

学区内で事件事故が発生した場合、学校には迅速な対応が求められます。例えば、学校近くでコンビニ強盗が発生したとします。犯人は刃物を持って逃走中と仮定します。さて、皆さんはどう対処しますか。校舎周りの施錠の確認が第一です。それから正確な情報を集めます。同時に、校長は教頭以下対応可能な職員を集めて緊急会議を持ち、全学級に事件の全容を放送や担任への伝令等で伝えます。まずは職員や子どもたちを落ち着かせることです。なぜ校内放送や伝令かと言いますと、緊急会議のために子どものところから担任を離すことは得策ではないからです。そしてその間、さらなる対応を検討すると同時に、教育委員会と連携を図り、対応の最終案を全職員に伝達します。下校時と重なれば当然緊急集団下校や個別引き渡しとなりますので、防犯パトロールの依頼や保護者にも緊急集団下校・引き渡し等を連絡し、協力を要請することです。校長は子どもの命を最優先に考え、できる限りの手を尽くすことが大切です。

第5章

学校内外機関との連携

1 行政機関との連携

教育委員会との連携

まず、校長として緊密な連携といえば市教育委員会や教育事務所となります。実際は敷居が高いというか積極的には行きたくないというのが正直なところです。分かります。逆に市教育委員会や教育事務所側からすると、校長はあまり顔を出したがらないという印象が強いようです。

校長が出向く時は、事務連絡や手続き、辞令伝達、校長対象の定例会・研修会、人事面接、学校事故等で行く場合です。しかし、日ごろの連携が大切なことは分かっているわけですから、特に用事がなくても顔を出すべきでしょう。問題があった時だけ行くというのではなく、定期的に顔を出し、併せて何らかの情報も得てきましょう。つまり、問題が起きたからといって飛んでいくのではなく、特に新任校長の場合は、日ごろから教育委員会と連携を密に図っておくことが大切です。そして、せっかく顔を出したなら教育長にも遠慮せず会ってきた方がよいです。なぜなら、管理職（特に新任校長）の学校配置では教育長が最も期待と心配をしているからです。

児童相談所や警察等との連携

校長は普段から児童相談所、警察署、市の社会福祉課、生活安全課、保健所等の関係機関に顔を出さなければと分かっていても、困った時だけ伺うのが一般的です。しかし、できれば何も起きていない時にも顔を出しておくといいですね。長期休業時など、校長は学校で執務を取っている時間があるなら、生徒指導主事や教頭を同伴し、学校の様子などを伝えに行くことが大切です。ひとたび事件や事故などが起こったなら、電話でのやり取りも多くなり、相手の顔を知っているだけでも話が通りやすいです。学校近辺で事件発生の一報が入っても、「市警察本部の生活安全課長の○○さんに連絡取ってみるか」となれば、職員も安心するというものです。ましてや、教頭や生徒指導主事にも、時間を割いて関係機関に足を運ばせておけば、緊急時に校長不在でも校長に代わって対応してくれるようになります。すべて校長一人でやろうとせず、職員に任せられるところも広がり、校長はさらなる対応に力を注げるようになります。

2 ＰＴＡとの連携

連携のポイント

皆さんの学校ではＰＴＡ（父母と教師の会）の役員決めをどのようにされていますか。組織づくりや役員選考委員会には、学校側の意向も反映する意味で教頭や教務主任が入っているのが一般的です。役員選考に関わる候補者へのお願いには、当然、教頭や教務主任が同行することもあり得ます。ここがしっかりできないとＰＴＡ主導で運営され、学校との連携がギクシャクしてしまう場合があります。ここは十分に気をつけたい点です。やはりＰＴＡ役員や専門委員との連携あっての学校経営ですので、良好な関係は大事にしたいところです。

ＰＴＡの運営では、どの学校でも月1回の役員会や各部会・各委員会との運営委員会なども称する会合が開かれていると思います。会議の冒頭ではＰＴＡ会長と校長の話はつきものです。私の場合、校長として、学校と子どもたちの様子、成果と課題、最後に学校行事などを中心にお礼もかねて挨拶をしていました。また、よい話ばかりでなく、いじめ問

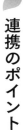

題など今抱えている問題や課題についても触れました。皆さんに話したからといって事が大きくなったこともなく、逆にご理解とご心配をいただきました。話す内容と程度にもよりますが、ある程度オープンにすることは大切なことだと思います。

ＰＴＡ役員会等への対応

各学校ではそれぞれの伝統にならってＰＴＡを運営していると思います。内容を変える必要もありませんが、校長は各会合で学校の現状を伝えたり、今抱えている問題など、それぞれの会合に合わせて焦点を変えて話すといいです。私は、隠し事はあまり好きではありませんでしたので、役員会ではかなり踏み込んで話しました。事の成り行きでは臨時保護者会も開く場合がありますので、ある程度の内容と今後の対応策を伝えておくといいです。

また、緊急事態発生時は、教育委員会に一報を入れますが、ＰＴＡ会長にも一報を入れておきました。子どもたちの事故の場合、子どもたちが家に帰った後、騒ぎになることが予想されますから、事前に伝えておくことは大切です。ここまでの備えと構えをしていると、臨時保護者会を開くこともなく定年を迎えるようになります。あとは、ある程度学校の様子は、子どもたちを中心によいこと、頑張っていることを織り交ぜて話すことが大切です。

PTA活動への日ごろの関わり

新任校長にぜひとも力を入れてもらいたいことが、日ごろのPTA活動への顔出しです。「ご苦労様です」の一言でもいいでしょう。役員や委員から声をかけられたら嬉しいことです。声がかからないようでしたら、自分はあまり声をかけづらいタイプかと思えばいいだけの話です。できれば教頭やPTA担当の教務主任はPTA行事の黒板を見たり、PTA室前の廊下が賑やかだったら、時間の許す限り出向いて声をかけるべきです。「校長先生、これどうしたらいいでしょう」などと委員長から声をかけられたら最高です。内容にもよりますが、「いいですね」などと返答して、要望があれば、担当者に指示をすればよいのです。校長もそこまで動いた方がいいと感じた方は、教務主任、教頭時代にかなり連携してやられた方ですね。できれば校長が動く前に、PTA担当の教務主任や教頭が先に顔を出し、相談や要望を頼まれるのが一番です。その後校長が顔を出すと、「先ほど教頭先生に○○を頼んだんです」と委員長から言われます。そしたら校長は、「どんどん遠慮なく頼んでください」と返せば喜んでいただけます。このような関係づくりができれば最高です。

校長室は常にオープン

情報収集の一環として、保護者も校長室に入りやすいように、私の場合は廊下側の扉はできるだけ開けておきました。やはり、子どもたちの声やＰＴＡの方々の活動の声が入ってくることは大切だと考えたからです。ときどき保護者の方から相談を受けることもありましたし、下校指導での見守り活動で、子どもについていくと保護者から相談を受けたりすることもありました。やはり大切なことは、こちらも積極的に保護者の中に入っていく姿勢です。

校長は校長室にどっしりと坐って教育活動の進捗状況の把握と構想に考えを巡らせていればいいんだと研修会で聞いたことがありましたが、現場主義の人間からすると全く異なる見方や考え方と言えます。かつてある先輩校長から、「小学校では休み時間に校長室にいるようではだめだぞ」という話を聞きましたが、まさにその通りでした。校長室をオープンに、さらに自らも子どもたちの中や保護者の中へ飛び込んでいく姿勢が大切です。

保護者の授業参観

保護者対象の授業参観日は、校長としても各教室をまわり、学級の様子を見ます。学級訪問については定期的に行くか、意図的に行くか、訪問指導の折に見に行くかです。学年主任であれば学級に加えて学年の統制が取れているか、担任であれば子どもたちとの人間関係は良好かなどです。教頭や教務主任であれば填補などで訪問することが多いので、日ごろの学年・学級経営状況をつかむことができますが、校長は機会が少ないです。そのような中、保護者の授業参観時に、よくできていれば「子どもたちよくやっていたね」と返せばいいですし、改善点があればよい点と合わせて指摘してあげれば喜ばれます。通常は教頭のところに指導力に関わる情報は集まってくるので、心配なら聞けばいいだけの話です。それでも心配な方は自分の目で確かめればいいのです。教員の指導力は子どもたちの生き生きとした姿から見て取れるように思います。小学校の中・高学年や中学校では教科担任制が導入されているので、先生によっても子どもたちの学習意欲や取り組みが変わります。ＰＴＡの授業参観日はよい機会ととらえ、積極的に様子を見に行くようにしましょう。その時、忘れてはならないことは、教室をまわるときに参観している保護者の皆さんへの笑顔での挨拶や会釈です。

3 地域との連携

地域コミュニティとの連携

「地域との連携」と言葉で言うのは簡単ですが、実際によくやろうと思うと難しいです。特に地域の要望に応えるだけなら簡単ですが、少しハードルを上げて、新任校長として新たな企画提案ができると地域の方々も喜んでくれます。職員や子どもたちは少し忙しくなりますが。私の場合は、運動会で発表して好評だった6年生のダンスは、運動会、敬老会、地区文化祭と3回発表の機会をつくりました。新たに何か地域のためにやれないかと考えると難しいですが、このように工夫すると、学校側の負担も少なく協力できます。地域の方は学校に遠慮気味なので、校長から「○○やりますか」とお話すると本当に喜んでくださいます。逆に学校の諸行事に要請をかけたりすると地域の方が集まり過ぎることもあります。このような相互交流や連携までもっていければ最高です。そして、校長としては地域の実態にもよりますが、地域防犯会議、運動会、敬老会、福祉関係の集い、三世代交流、文化祭、賀詞交歓会、地域コミュニティの総会などに積極的に顔を出して最善を尽くせば、交流の輪はさらに広がります。子どもたちにとっても貴重な「感動体験」の場が増えることでしょう。

民生・児童委員との連携

学区内には、地域の生活支援のため民児委員（民生委員、児童委員）が配置されています。民児委員はかつて認定協議会の活動（準要保護認定の審査と申請）に協力をいただいていました。現在、民児委員は福祉機関と連携し、地域のお年寄りの生活支援を中心に様々なサポート活動を行っています。それだけに学校以上に各家庭の実態を把握しています。昨今心配されるＤＶや虐待などの情報についても、民児委員から学校に上がってくることがあります。情報提供があれば、内容にもよりますが、校長は早急に関係機関と連絡を取り合い、対応しなければなりません。子どもの命に関わる状況であれば通報義務に該当するかもしれません。学校は、このような情報が提供されると、その後の状況の変化について、情報提供者、ここでは民児委員と連絡を取り合うようになります。そして、この情報をもとに子どもの問題解決が図れたとなると、学校への信頼や期待も増し、さらなる情報が得られることでしょう。校長は普段から民児委員との連携を密に取ることを心がけ、情報が上がりやすい雰囲気をつくることが大切です。

4 校長会と市教育委員会で学んだこと

校長会は風通しよく

校長会は、校長同士が何でも話し合えて相談できる、情報交換の場になっていると助かります。この会議が事務的に終わるくらいなら、自分の学校で子どものことでも考えていた方がよいです。私も最後の年は小・中学校併せて40校の校長会長を任され、まとめ役の仕事をさせていただきましたが、カッコつけずに（型にはまることなく）やらせていただきました。すなわち、今直面している問題やいじめ問題などにどう対応しているか問題提起していきました。私は小学校部会でしたが、各自が今抱えている問題について忌憚なく発言していたように思います。ときどき中学校部会にも顔を出しましたが、やはり生徒指導上の問題を中心とした情報交換が多かったように記憶しています。それでも、中学校長の話し合いは活気があり雰囲気もよかったので安心はしていました。これは学校という組織でも校長会という組織でも、雰囲気がよいということは前進できるということの証です。

校長会役職への対応

校長会や教育研究会組織に所属するといろいろな役職がまわってきますが、極力協力しましょう。また、新任校長は先が長いので、経験が後々役に立つという意味でも前向きに取り組んだ方がよいです。

教育研究会では、専門分野（教科）に配属されればラッキーと言えるでしょうし、専門外の分野ということもあります。しかし、何を任されても、教育研究会の方針と方向性に従って進めていけばよいことです。そして教育研究会○○科部長としてどうあるべきか、○○科研究部の方針を早急に立て、全市レベルに立って各校に具現化を図ってもらうことを研究部長として働きかけていくことが大切です。

さらに校長会の組織にも所属するようになります。私の場合、校長1年目は研修部に所属していましたが、2年目は校長会の課題研究部に入り、3年目は、全国連合小学校長会

（全連小）研究協議会岡山大会で県校長会の代表として研究発表を行った経緯があります。プレゼンテーションについては、次項で触れますが、テーマが決められてそれに合わせて準備をするというのは容易なことではありませんでした。

レポート等の作成と発表

校長になると、やたらとレポートを作成し、提出したりすることが多いです。教務主任や教頭時代とは異なり、上司に内容を見てもらうこともなくなりますので、その分気をつかいます。しかし、作成には二つの観点があると思います。一つは与えられたテーマに沿って作成するものと、もう一つは、自分の実践に基づいて作成するものとに分けられます。いずれもやり方は同じで、時間があるときにレポートの柱立てをメモしておくことです。併せて関係資料をコピーしたりしてファイルしておくことも大切です。このような下準備により、いざレポート作成を始めた時に柱立てと肉付けの資料が手元にあることで、短時間で作成が可能となります。

そして、原稿等ができれば発表です。会議レベルでの発表は問題ないと思いますが、大会場のレクチャーテーブルでの発表となると、やはり視線を上げて発表できれば最高です。

私は読んでいる原稿の位置を指で指しながら話します。視聴者には見えない動きですが、原稿を指で追っているので、原稿に目をやると段落等も間違わず読むことができます。ぜひトライしてみてください。目線を下げずに話ができるようになりますし、会場全体にも視線を配することができます。

研究発表の時にはもう一つ注意点があります。昔、先輩から、「研究発表の時は、資料は用意するが、資料そのものの提示とその内容の読み上げはやるな」と言われたことがあります。資料は渡してもプレゼンテーションは映像と説明に引きつけられるように工夫することが大切だと教えられました。後になって機会があるごとに先輩の言葉を思い出し、実践してきました。実は全連小の発表では、ホテルの部屋でもプレゼンテーションの最終チェックを行っていました。発表はそんなに難しいことではありませんが、聞き手に少しでも伝わるとともに、専門家以外の方が聞いても分かるような内容にもっていきたかったからです。どこを強調しどこを理解してもらいたいのかがプレゼンテーションでは大切です。

発表内容も万全を期したいです。なぜならば、素晴らしい発表をしても、学校のホームページに掲載されている内容が発表と食い違っていては困ります。学校現場の実践と研究発表内容に整合性を持たせることも必要です。ぬかりなく。

市教育委員会での貴重な経験

市の教育委員会では指導主事時代からお世話になり、その後再び課長職で戻りました。その課長時代の4年間では「新型インフルエンザの大流行」と「東日本大震災」への対応が最も大変でした。教育長の指示のもと、各校への対応や保護者対応に追われる毎日でした。市内は中学校15校、小学校25校、特別支援学校1校、市立幼稚園14園と、各学校、各幼稚園の当時の校長先生や園長先生には多大なるご協力をいただきました。特に東日本大震災後は、校舎等の被災状況確認、児童生徒の安否確認、教職員の被害状況、ライフラインの復旧、避難所の設置・運営、授業開始時期の判断、簡易給食等の臨時配給、原発関連での放射能測定等々数知れないほどの対応があったように思います。私の属する学務課の職員も通常の業務をこなしながらの早急な対応を強いられて大変でしたが、大変だなんて言っている時間もなかったように思います。そして、市の災害対策本部会議にも教育長、教育部長に同行し、出させていただいたことは、私にとって貴重な経験となりました。つまり、学校現場では子どもをどうするかを考えればいいのですが、市全体となると、一般市民にも目を向けて、課題も山積する中、各課が現状報告と今後の対応を報告し、災害対策本部長（市長）から次なる指示を仰いでいました。市全体という規模の大きさに驚くと同時に、これからどう復旧・復興に進んでいくのか、私のレベルでは先が見えなかったというのが正直なところです。学校現場では見えてこない、市全体の動きが分かったことで、自分もその組織の一員だという自覚をさらに強く持って職務遂行に励みました。

退職の年は健康面にも配慮を

ここ数年、管理職に就かれている方々を見ていますと、在任中や退職後に体調を崩され、その後の生活に支障が出ている方をお見受けします。特に校長は、精神面でのストレスが多いことも影響しているのでしょう。校長という立場で重責を担うということは、本当に大変なんだなと改めて感じています。退職後の姿を思い描きながら、現職中に健康チェックを行っておくことも大切です。現在は65歳くらいまで働くのが当たり前になってきています。急に仕事を辞めるより、体調を考えて短時間労働に就かれる方も多いようです。退職後は好きなことをやってみようと思っていても、いざ退職を迎えた時に体が動かなくてはどうしようもありません。いずれにせよ、現職中に人間ドックや定期健診などを積極的に受診し、体調を整えておくことが大切です。

さて、退職するとやることがないと心配される方もいらっしゃるかと思いますが、そこは心配ありません。校長まで経験された方には、地域活動や退職者が集う活動からの協力要請が来ます。私も、最初は民間の会社に勤めたこともあり、退職後は退職校長会にしか入会しませんでしたが、他団体から入会要請が次から次へと入ってきて、結局のところ、すべてに入りました。さらに地域の自治会からも役員に招かれ、民生委員や人権擁護委員の仕事も入ってきました。私の場合、住んでいる地域の発展に貢献したいと考えていますので、最終的にはいくつかの活動に絞っていこうと考えています。

ソフトランディング後の人生設計については、定年退職後を見据えて今から練っておいた方がいいかもしれません。少し余裕があるのであれば、地域の協力要請に応えてあげてください。生まれ育った地域での活動は楽しいです。私はあと2年ほど自治会長（町内会長）の仕事が残っていますので、オリンピックイヤーに開催している4年に一度の町内夏祭りを成功させて引退したいと思っています。その後は体調との相談になりますが、引き続き民生委員として高齢化問題に対処しながら、住みよい町づくりに貢献したいと思っています。

おわりに

長年にわたる教員人生を終えるにあたり、教育に多少なりとも未練を残しつつも、今後の人生に対する期待感に満ち溢れています。教育の仕事に区切りがついたこと、今まででできなかった新たな夢に向けて一歩を踏み出そうと考えていることがその理由です。前述したように、退職後3年から5年くらいは教育関係の仕事に就き、その後、新たな道を見つけるという方もいれば、退職後からまったく異なる分野の仕事に就く方もいるようです。人生も先が見えてくる頃なので、やりたいことがあれば取りかかりは早いに越したことはないように思います。

さて、私は学生時代にオートバイや車を乗りまわしていた関係で、整備の仕事に関心を持ち続けていました。退職後にチャンスがあったら整備士の仕事をやってみたいと考えていたところ、見習いとして整備の仕事をさせてもらうことができました。油まみれの仕事でしたが、好きなことでしたので先輩からいろいろなことを教えてもらいながら、一緒に入社した2人の若者と頑張りました。しかし、残念ながら両手の腱鞘炎が悪化し、2年ほどで退職してしまいました。もっと若かったら……と悔やみましたが、初めから無理だったのでしょう。たった2年でも、思う存分好きな仕事ができたので悔いはありません。会社退職後は、車やバイクいじりを趣味として楽しんでいます。

そのようなわけで現在は、地域のボランティア活動に精を出しています。そして様々な活動を通して、新たな知り合いも増えつつあります。地域活動中心の生活ですが、生まれ育った大好きな地域ですので、力の続く限り、地域の発展に貢献していきたいと思っています。

結びとなりますが、これまで支えてくださいました多くの皆様には感謝の気持ちでいっぱいです。また、この本をご拝読いただきました新任校長の皆様、今後の学校経営のヒントになることが少しでもあれば幸いです。益々のご発展とご活躍をお祈り申し上げます。ありがとうございました。

【著者紹介】

大内　康平（おおうち・こうへい）

民生委員、人権擁護委員。
1953年、茨城県日立市に生まれる。茨城キリスト教大学文学部卒、カリフォルニア州立大学（サンディエゴ校）語学プログラム修了。茨城県龍ケ崎市立龍ケ崎小学校教諭として採用後、公立中学校教諭として4校に勤務。日立市教育委員会指導主事、日立市立小中学校教頭・同市立小学校校長を経て、日立市教育委員会学務課長、日立市立助川小学校長・市学校長会長を歴任し、2013年に定年退職となる。

新任校長に贈る
おさえておきたい校長の実務

2019年7月20日　初版第1刷発行
2022年4月28日　初版第3刷発行

著　者――大内康平
発行者――安部英行
発行所――学事出版株式会社
〒101-0021　東京都千代田区外神田2-2-3
電話　03-3255-5471
https://www.gakuji.co.jp

編集担当　丸山英里
装　　丁　精文堂印刷デザイン室／内炭篤詞
印刷製本　精文堂印刷株式会社

　ISBN978-4-7619-2561-1　C3037